Franciszek Mamuszka

DANZIG UND UMGEBUNG

Franciszek Mamuszka

DANZIG UND UMGEBUNG

Herausgegeben von Mariola Malerek

Laumann-Verlag Dülmen

3. Auflage 1993

Übersetzung: Mariola Malerek

Bildnachweis

Umschlagfoto: 1. Krantor
K. Andryszkiewicz (Nr. 4, 35), S. Kaczorowski (Nr. 3), K. Kamiński (Nr. 2, 5–13, 15–34, 36–48), J. Kürtz (Nr. 1), M. Murman (Nr. 14)

Gesamtherstellung: Laumann Druck KG, 4408 Dülmen
ISBN 3-87466-171-7

INHALT

2. Giebelhäuser am Langen Markt

EINFÜHRUNG

Das vorliegende Buch gehört zu einer Reihe, in der Städte und Landschaften Polens beschrieben werden. Einige Titel dieser Reihe liegen bereits vor, die sich mit dem *Riesengebirge*, mit *Breslau und Umgebung* sowie mit dem *Land der Großen Masurischen Seen* eingehend befassen. Weitere Publikationen dieser Reihe sind in Vorbereitung.

Das Buch *Danzig und Umgebung* will den Leser mit den wichtigsten Sehenswürdigkeiten und Naturbesonderheiten dieses Gebietes bekanntmachen und außerdem auf mancherlei Wissenswertes hinweisen, so daß ein Besuch Danzigs und seiner Umgebung zu einem eindrucksvollen Erlebnis werden kann.

Stadt und Land, um die es hier geht (Architektur und Kunstwerke, Denkmäler, Meer, Strand, malerische Landschaften, einheimische Bevölkerung), ziehen schon seit vielen Jahren Millionen von Touristen aus dem In- und Ausland an. Vor allem sind es die alte, wunderschöne Stadt Danzig mit dem Langen Markt, der Marienkirche, dem Artushof und dem Krantor, das ehemalige Zisterzienserkloster in Oliva, das weltberühmte Seebad Zoppot mit der Waldoper sowie Gdingen mit dem modernen Hafen, die den Besucher staunen lassen.

Aufmerksamen Gästen, woher sie auch kommen, erscheint das alte Danzig wie eine „Schatzkammer", in der man herrliche Raritäten europäischer Kunst findet. Liebhaber der Natur werden beeindruckt durch die Landschaft der „Kaschubischen Schweiz"/Pojezierze Kaszubskie; in ihr liegt Sanddorf/Wdzydze Kiszewskie, wo ethnographische Sammlungen und Folklore zu bewundern sind. Kajakfreunden kommen die zahlreichen Rinnenseen, Flüsse und Bäche wie ein Paradies vor.

Die an Kunstwerken und Architekturdenkmälern so reiche Stadt Danzig wurde im März 1945 durch Kriegseinwirkungen fast völlig zerstört. Das Ergebnis jahrhundertelangen Schaffens der zahlreichen berühmten Künstler (Baumeister, Architekten, Maler, Bildhauer) mit so bekannten Namen wie M. Enkinger, H. Hetzel, H. Brand, A. van Obberghen, Abraham van den Blocke sowie Isaac und Willem van den Blocke, J. Strakowski, B. Ranisch, H. Ungeradin, H. Kramer, A. Möller, Meister Paulus und vieler anderer sank innerhalb weniger Tage in Schutt und Asche.

Jedoch: der von polnischen Künstlern mühsam geleistete Wiederaufbau gab der Stadt ihr Vorkriegsaussehen nahezu zurück. Von den Restauratoren seien nur die wichtigsten erwähnt: Z. Babicki, M. Bajdo, Z. Bara, M. Baryłko, J. Borowski, T. Chrzanowski, J. Ciemnołoński, T. Godziszewski, A. Haupt, L. Kadłubowski, J. Kilarski, Z. Kwaśny, R. Massalski, B. Mieszkowski, K. Orłowski, M. Osiński, J. Stankiewicz, I. Strzelecka, Z. Wysocki, S. Żukowski.

Für den originalgetreuen Wiederaufbau Danzigs stellte Polen reichliche Mittel bereit. Hilfe kam auch aus Deutschland. Hier sollen einige Namen derer genannt werden, denen dafür besonders zu danken ist: Jakob Deurer, Dr. Otto Kulcke, die Brüder H. und G. Hillebrand, Hans Eggebrecht; auch Bundeskanzler Dr. Helmut Kohl und Bundespräsident Dr. Richard von Weizsäcker gehören zu ihnen.

Bei der Arbeit an der Schrift habe ich mancherlei Hilfe erfahren. Dafür möchte ich danken: Prof. Dr. hab. Edwin Rozenkranz für die Rezension des Buches, Doc. Dr. Andrzej Januszajtis für wertvolle Auskünfte, M. und A. Szypowscy für gütige Bemerkungen und ganz besonders Mgr. Mariola Malerek für unschätzbare Mitarbeit.

Ein besonderer Dank gilt dem Laumann-Verlag, Dülmen. Dem aufmerksamen Leser sei für Hinweise auf mögliche Verbesserungen im voraus gedankt.

Danzig, im April 1992
Franciszek Mamuszka

ALLGEMEINES

Die Stadt Danzig/Gdańsk liegt im Mündungsbereich der Weichsel/ Wisła in der Danziger Bucht, die hier eine nach Süden gerichtete Auswölbung der mittleren Ostsee bildet. Die Uferlinie im Bereich von Danzig erstreckt sich von Schiewenhorst/Świbno bis nach Zoppot/Sopot auf einer Länge von 27,5 km und ist an zwei Stellen unterbrochen: zum einen durch einen alten, früheren Mündungsarm der Weichsel zwischen Neufahrwasser/Nowy Port und der Halbinsel Westerplatte, zum zweiten durch eine Lücke, die entstanden ist infolge einer Überschwemmung im Jahre 1840 bei dem Dorf Neufähr/Górka, als die Ostsee den Dünenwall durchbrach.

Die Länge der Stadtgrenze auf der Landseite beträgt 105 km. Danzig grenzt an die drei Städte Zoppot/Sopot, Gdingen/Gdynia und Praust/Pruszcz Gdański sowie an weitere fünf Dorfgemeinden.

Geomorphologisch gesehen gliedert sich das Gebiet von Danzig in drei verschiedene Landschaften: Danziger Werder/Żuławy Gdańskie, Danziger Höhe/Wysoczyzna Gdańska und Weichsel-Nehrung/ Mierzeja Wiślana.

Danziger Werder entstand durch andauernde Aufschüttung von Tonschlämmen vor allem im Alluvium (vor ca. 5000 Jahren). Zwischen Ostsee und Danziger Werder befindet sich die Weichsel-Nehrung; sie bildet einen 400 bis 600 m breiten Dünenstreifen aus feinem Sand, der durch Wind leicht verlagert wird.

Die Wellen der Ostsee werfen große Sandmengen vom Meer an den Strand; dieser wird durch die häufig starken Winde weiter versetzt und bildet Dünen in Form langgezogener Anhöhen und Wälle. Solche meist zwei bis zweieinhalb Meter hohe Dünen sind bei Zoppot zu sehen. Die höchsten Dünen befinden sich bei Heubude/ Stogi unweit des Strandes (19,2 m) am westlichen Ufer des Durchbruches von 1840 (22,8 m) und bei Schiewenhorst/Świbno mit fast 33 m Höhe.

Die Weichsel-Nehrung ist von Mischwald aus dem 19. Jh. bewachsen; die Anpflanzung war eine notwendige Maßnahme gegen Dünenverwehungen auf Straßen und Häusern.

Der größte Teil des Danziger Gebietes liegt im Bereich der Danziger Höhe/Wysoczyzna Gdańska; sie wurde durch die Tätigkeit des Inlandeises während der Eiszeit geformt. Das Eis schleppte große Mengen lockeren Gesteinsschutt, Geröll, Kies und Sand, auch einzelne Felsbrocken, mit sich.

Als das Klima wärmer wurde, zog es sich nach Norden zurück, und die Geröll- und Sandmassen aus der Pleistozänzeit wurden auf den älteren, erosionsbeeinflußten Schichten aus dem Miozän abgelagert. Auf diese Weise entstanden die Danziger Höhen. Sie erreichen Meereshöhen von 36,4 m bei Guteherberge/Lipce, 159,5 m bei Goldkrug/Złota Karczma bis 182 m bei Osowa.

Beim Rückzug der Eismassen formten die Schmelzwässer das Moränenmaterial, durch das sie sich ihren Weg bahnen mußten. In dem lockeren Boden bildeten sich Täler, die durch abfließendes Regenwasser weiter vertieft wurden. Am stärksten ist der östliche Rand der Danziger Höhen erodiert worden. Auf diese Weise erhielt das Gebiet eine stark zergliederte Struktur.

Die Mehrheit dieser Täler enthält auf ihren Sohlen ausgehöhlte Betten der heute z. T. kanalisierten Bäche; ein Beispiel gibt der Jäschkentaler Bach/Potok Jaśkowej Doliny in Langfuhr/Wrzeszcz.

Einige der Bäche fließen weiterhin in offenen Flußbetten, u. a. der Glettkaubach/Potok Oliwski auf seiner ganzen Länge und seine Zuflüsse Pulvermühlenbach/Potok Prochowy und Renneberger Bach/Potok Rynarzewski.

Der Glettkaubach/Potok Oliwski plätschert durch das seit dem 16. Jh. als beliebtes Ausflugsziel berühmte Freudental/Dolina Radości. Bereits im Mittelalter gab es hier mehrere Wassermühlen, die bis gegen Ende des 19. Jh. arbeiteten. Infolge der industriellen Entwicklung büßten sie ihre frühere Bedeutung ein.

Zwischen dem Rande der Danziger Höhe und der Ostsee erstreckt sich von Zoppot bis zum alten Flußbett der Weichsel eine ca. 8 km lange und 2 bis 3 km breite Ebene. Sie war seit Urzeiten von Menschen bewohnt. Hier entstanden später die Städte Oliva, Zoppot und weitere Siedlungen: Poggenkrug/Żabianka, Conradshammer/Przymorze und Saspe/Zaspa. Ausgebaut wurden auch das ursprüngliche Fischerdorf und Bad Brösen/Brzeźno.

Am südöstlichen Rand dieses Tales entstand, am Fuß des Bischofsberges/Biskupia Górka und am Fluß Mottlau/Motława gelegen, die Stadt Danzig/Gdańsk – in der ersten Erwähnung 999 **urbs Gyddanyzc** genannt. Im Mittelalter wurde Danzig mächtig ausgebaut und erlebte im 16. und 17. Jh. eine Blütezeit. Diese frühe Siedlung bildet heute das alte Danzig/stary Gdańsk, das Zentrum der Stadt.

Danzig hatte und hat eine besonders günstige Lage. Im Mittelalter traf sich hier der wichtige alte Wasserweg der großen Weichsel an seiner Mündung in die Ostsee mit den bedeutenden Handelswegen auf dem Land, einer Nord-Süd-Verbindung, *via regia* und *via mercatorum*.

Das historische alte Danzig besteht aus mehreren Teilen, die schon im Mittelalter entstanden und bis heute erkennbar sind. Früher gab es einzelne städtische Siedlungen, die im 15. Jh. zusammengefaßt wurden: die Rechtstadt/Główne Miasto (lat. *urbs principalis*), die Altstadt/Stare Miasto und die Niederstadt/Dolne Miasto. Zur Rechtstadt gehören Vorstadt/Stare Przedmieście und Speicher-Insel/Wyspa Spichrzów. Östlich der Altstadt befindet sich Hakelwerk/Osiek mit dem benachbarten Alten Schloß/Zamczysko.

Rings um Danzig bildeten sich seit dem Mittelalter nach und nach weitere Siedlungen, die im 19. und 20. Jh. zu Danzig eingemeindet wurden: Klein und Groß Walddorf/Olszynka, Bürgerwiesen/Błonia, Ohra/Orunia, Altschottland/Stare Szkoty, Guteherberge/Lipce, Sankt Adalbert/Święty Wojciech, Stolzenberg/Chełm, Schidlitz/Siedlce, Zigankenberg/Suchanino, Langfuhr/Wrzeszcz, Hoch und Lege Strieß/Strzyża, Oliva/Oliwa, Brösen/Brzeźno, Neufahrwasser/Nowy Port, Troyl/Przeróbka, Heubude/Stogi und andere. Manche entwickelten sich zu großen Wohnvierteln mit Zehntausenden von Einwohnern, z. B. Pietzkendorf/Piecki, Saspe/Zaspa, Conradshammer/Przymorze, Poggenkrug/Żabianka und Brösen/Brzeźno.

1973 wurden auch die umliegenden Dörfer auf der Danziger Höhe und einige in der Weichselniederung östlich des Durchbruches von 1840/Śmiała Wisła bis Schiewenhorst/Świbno eingemeindet.

Danzig ist ein bedeutender Industrieort. Im Schiffbau arbeiten z. B. die Werften „Stocznia Gdańska" und „Stocznia Północna im. Bohaterów Westerplatte", die Reparaturwerften „im. J. Piłsudskiego" und „Radunia", die Werft „Wisła" und eine Jachtwerft. Weiterhin produzieren hier holzverarbeitende Betriebe, chemische Industrie, Elektromaschinenfabriken, Nahrungsmittelbetriebe, Raffinerien, Kraftwerke und Leichtindustrie.

Im Hafen werden Steinkohle, Koks, Stückgut, Erze, Getreide, Holz, Treibstoffe und sonstige Fracht ein- und ausgeladen. Zahlreiche Schiffe aus der ganzen Welt laufen den Hafen an.

Von Bedeutung sind außerdem die Fischfangflotte und das fischverarbeitende Gewerbe, die Düngemittelfabrik „Fosfory" und der Schwefelumschlaghafen „Siarkopol".

Danzig/Gdańsk ist eines der wichtigsten kulturellen und wissenschaftlichen Forschungszentren Polens. Hier arbeitet die Danziger Wissenschaftliche Gesellschaft/Gdańskie Towarzystwo Naukowe (seit 1922). Es gibt mehrere Hochschulen: die Technische Hochschule, die Medizinische Akademie, die Danziger Universität, die Akademie für Bildende Künste, die Musikakademie und die Sportakademie; in Danzig-Oliva existiert seit 1957 ein Höheres Bischöfliches Seminar.

Außer diesen gibt es noch zahlreiche andere wissenschaftliche Institute und Forschungsfakultäten, z. B. das Ostseeinstitut/Instytut Bałtycki, das Meeresinstitut/Instytut Morski, das Wasserbauinstitut/Instytut Budownictwa Morskiego, das Institut für Strömungsmaschinenbau/Instytut Maszyn Przepływowych.

Wissenschaftlichen Zwecken dienen auch das staatliche Woiwodschaftsarchiv und die Danziger Bibliothek der Polnischen Wissenschaftlichen Akademie (PAN). Tausende von Bänden wurden im Zweiten Weltkrieg verschleppt, u. a. nach Merseburg.

Auch im kulturellen Bereich hat Danzig viel zu bieten, so die Oper und die Philharmonie, das Theater „Wybrzeże", das Puppentheater „Miniatura" sowie Ballett, zahlreiche Chöre, Kinos und Kulturhäuser.

Erwähnenswert sind die zahlreichen Museen, u. a. das Nationalmuseum mit Abteilungen in Oliva und Bendomin/Będomin, das Zentralmeeresmuseum mit Abteilungen in Hela/Hel, Rozewie, in Dirschau/Tczew das Weichselmuseum, das Archäologische Museum, das Museum der Geschichte der Stadt Danzig, das Postwesen- und Telekommunikationsmuseum sowie die Abteilung des Museums der Technik aus Warschau/Warszawa in der „Alten Wasserhammer" in Oliva/Gdańsk-Oliwa und das Diözesanmuseum in Oliva.

Dank der Tätigkeit zahlreicher Architekten, Bildhauer und Maler konnten – wie eingangs schon erwähnt – die Kriegszerstörungen fast vollständig beseitigt werden.

In Danzig leben und arbeiten viele Musiker, Komponisten sowie Dichter und Schriftsteller. Alle diese Künstler setzen die hervorragenden Schöpfungen der Meister der Danziger „Goldenen Zeit" fort. Für ein ausreichendes Bildungsangebot sorgen ca. 70 Grundschulen und zahlreiche Gymnasien und Technik-Ausbildungsstätten. Vor allem die Ballettschule genießt hohes Ansehen.

Schon seit der Vorkriegszeit ist der Verband für Landeskunde und Touristik (PTTK) in Danzig/Gdańsk ansässig; er beschäftigt sich mit der Entwicklung des Fremdenverkehrs, der Ausbildung des touristischen Personals und der Herausgabe touristischer Publikationen.

Außerdem stehen mehrere Reisebüros (z. B. SA „Orbis", SBT „Turysta", SB „Gromada" und andere) den Gästen zur Verfügung.

Seit dem Zweiten Weltkrieg bilden die drei Städte Zoppot/Sopot, Gdingen/Gdynia und Danzig/Gdańsk den *Dreistädtekomplex*/Trójmiasto mit ca. 800.000 Einwohnern, davon in Danzig 470.000. Danzig ist heute die sechstgrößte Stadt Polens.

Zoppot ist als Seebad („die Perle der Ostsee") schon seit 1823 bekannt. In der Dreistadt finden zahlreiche Konzerte (u. a. weltberühmte Orgelkonzerte in der Kathedralkirche in Oliva), das Internationale Chansonfestival in Zoppot, ein Festival der Bildenden Künste, Filmfestivals, Pferderennen, Tennisturniere und die seit dem Mittelalter abgehaltenen Dominiks-Jahrmärkte (in Danzig) statt. Die Dreistadt besitzt zahlreiche Hotels, Restaurants, Nightclubs, Campingplätze und Casinos. Hier gibt es viele Schiffsanlegestellen. Schiffe verkehren innerhalb der Dreistadt und zur Halbinsel Hela.

Seit Juni 1992 ist das Baden an den Stränden bei Heubude/Stogi, Brösen/Brzeźno, Glettkau/Jelitkowo und Zoppot/Sopot möglich. In Zoppot steht der längste Seesteg der Ostsee für Spaziergänge zur Verfügung. In Oliva gibt es auch einen sehr schön gelegenen Zoo.

Wichtigste Daten zur Geschichte Danzigs

1700–650 v. Chr.
Spuren der Anwesenheit des Menschen (Waffen und Schmuck) in Oliva, Lausitzer Kultur.

650–400 v. Chr.
Aus dieser Zeit fördern Ausgrabungen u. a. Überreste von Hütten, Lagerfeuerspuren, primitive Handmühlen und Geschirrscherben zutage.

500–400 v. Chr.
Überreste der Urnenfelder-Kultur, die auf dem Gebiet des heutigen Danzig gefunden wurden, bezeugen: Die hier lebenden Menschen verbrennen ihre Toten und bestatten deren Asche in Urnen, die in Steintruhen in einer Gruft beigesetzt werden. Die Urnen haben zum Teil die äußere Form von Häusern und sind mit Bildern von Jagdszenen, Reitern und pferdebespannten Wagen, andere mit einem menschlichen Gesicht oder auch mit Juwelen (Ohrringen, Schmuckanhängern, Ketten) auf dem Urnenhals verziert. In Schidlitz/Siedlce entdeckt man 1656 ein Sammelgrab mit acht Urnen.

375 n. Chr.
Aus dieser Zeit sind alte Grabstätten erhalten.
Es gibt Zeugnisse dafür, daß schon damals der wichtige Bernsteinhandelsweg vom Süden Europas (z. B. aus *Rom*) bis zur Ostsee (lat. *„Mare Balticum"*) führt; eine Abzweigung der Straße geht durch das Gebiet des heutigen Danzig/Gdańsk. Der Handelsweg hat seinen Namen von dem damals sehr begehrten Bernstein, den schon Plinius

und Tacitus als „*glasum, glaesum*" erwähnen. Eine deutsche Urkunde aus dem Jahr 1323 nennt ihn *bursteyn*. *Der Legende nach entstand der Bernstein aus den Tränen Elektras („Die Leuchtende"), der Tochter Agamemnons (Heldin einer Tragödie des Sophokles).*

9. Jh. n. Chr.

An der Stelle des heutigen Langen Marktes und seiner Umgebung entsteht eine slawische Siedlung, umgeben von einem Erdwall und einem Zaun. Auf einer Fläche von etwa einem Hektar leben damals ca. 300 Menschen, vor allem Bauern, Handwerker, Fischer und Seeleute.

Bei Ausgrabungen auf dem Langen Markt wird ein Boot aus dem 9. Jh. entdeckt.

Abb. 1.: Burgwall der pommerschen Herzöge, erbaut um das 10. Jh.; freigelegt während der Ausgrabungen 1948 bis 1960 (Quelle: A. Zbierski)

Um 980

Ostpommern wird von dem polnischen Herzog Mieszko I. aus dem Haus der Piasten eingenommen; bei der Einmündung der Mottlau in die Weichsel soll ein Burgwall mit Palisaden gestanden haben, und zwar da, wo heute die Burgstraße/ul. Grodzka, Ritterstraße/ul. Rycerska, Rähmstraße/ul. Sukiennicza und Zapfengasse/ul. Czopowa verlaufen. Er war zehn Meter hoch und an seiner Basis zwanzig Meter breit. An seinem Fuß befand sich ein Fischerei- und Seehafen. Innerhalb der Anlage gab es eine Fürstenresidenz mit Gebäuden für das Kriegsgefolge und einen Wachturm sowie eine Fischer- und Handwerkersiedlung. Die Anlage gewann zunehmend an Bedeutung und wurde zur Hauptstadt der Fürsten von Pomerellen.

Außer dem Handelsweg *„via mercatorum"* aus dem Süden Polens enden hier auch der Wasserweg auf der Weichsel und andere kleinere pommersche Handelswege, z. B. eine alte Straße aus dem Kastellsitz Chmielno.

997

Bischof Adalbert/Wojciech wird vom polnischen König Boleslaw I. Chrobry (der Tapfere) bewogen, die Bewohner seines Landes zu christianisieren. Später versucht Adalbert, auch die Pruzzen für seinen Glauben zu gewinnen. Diese Mission endet mit dem Tod des Bischofs. Sein Leichnam wird nach Gnesen/Gniezno übergeführt.

999

Der römische Mönch Johannes Canaparius erwähnt in seinem Werk „Das Leben des St. Adalbert" Danzig in der Schreibweise *Gyddanyzc* als urbs (= Stadt).

Abb. 2: Erste schriftliche Erwähnung der Stadt Danzig (Quelle: F. Mamuszka)

Der Name Gdańsk leitet sich vermutlich von dem Namen des Flusses Gdania ab; die hier auch ansässigen Pruzzen nannten den Fluß *Mutelóvó*, die heutige Mottlau/Motława.

1000
Errichtung des Erzbistums Gnesen als selbständige polnische Kirchenprovinz mit den Bistümern Kolberg/Kołobrzeg, Breslau/Wrocław und Krakau/Kraków. In Danzig entsteht das dem Bistum Leslau/Włocławek unterstellte pommersche Erzdiakonat.

ca. 1120
Boleslaus III. Schiefmund/Bolesław Krzywousty (1085–1138), polnischer Herrscher, unterwirft Ostpommern; in seinem Namen regieren dort Landeshauptmänner. Danzig ist dem Bistum Kujawien oder Leslau unterstellt; dorthin fließen auch die Einnahmen aus der Kirchensteuer.

1148
Eine Bulle Papst Eugens III. erwähnt einen Schiffszoll, der am *„castrum Kdanzc in Pomerania"* erhoben wird. Dies deutet auf die damals schon übliche Handelsschiffahrt hin.

10.–12. Jh.
Die Siedlung Danzig/Gdańsk wird von Befestigungen umgeben; damals leben ca. 2.000 Bewohner auf einer Fläche von 3 ha; Handel wird auf der Ostseite des heutigen Langen Marktes getrieben.

1188
Eine Danziger Urkunde beschreibt die auf der Burg *zu Gdanczk* von Sambor, dem Sohn Subislavs, vollzogene Stiftung des Klosters Oliva.

1217
Tod des Herzogs Mestvin I./Mściwój I., eines Bruders Sambors; ihm folgt Swantopolk/Świętopełk; zu seiner Zeit (1226) kommt auf Ersuchen des Herzogs Conrad von Masowien der Deutsche Ritterorden unter Hermann Balk ins Pruzzenland, um die hier lebenden Heiden zu bekehren. Der Orden nimmt das Land Kulm und Löbau als Geschenk des Herzogs in Besitz. Swantopolk befreit sich 1227

politisch von der polnischen Oberhoheit. Er führt mehrere Jahre lang Krieg gegen die Deutschen Ordensritter. Auf seinen Ruf hin kommt der Dominikaner-Konvent aus Krakau, dem er die St.-Nikolaus-Kirche schenkt. (Das Kloster existiert auch heute noch.)

12. Jh. bis 1. Hälfte 13. Jh.

Westlich vor der Fürstenburg entsteht die Vorburgstadt/Podgrodzie für Handwerker und Fischer, sie umfaßt das Gebiet vom Burgwall bis zur St.-Katharinen-Kirche. Um das Areal der St.-Katharinen-Kirche und der St.-Nikolai-Kirche gibt es schon einen Marktplatz. Die Südgrenze dieser Vorburgstadt bildet der heutige Altstädtische Graben/Podwale Staromiejskie, die Westgrenze wird durch die Kleine Mühlengasse/ul. Podmłyńska und die Große Mühlengasse/ul. Wlk. Młyny markiert; als Kirche dieses Gebietes, das seit 1263 Stadtrecht genießt, dient die St.-Katharinen-Kirche.

13. Jh.

Deutsche Handelsherren und Reeder ziehen vor allem aus Lübeck in die Stadt am Weichselstrom; so entsteht auf dem Gebiet des heutigen Langen Marktes und der Langgasse eine deutsche Ansiedlung mit Wohn- und Kaufhäusern (zahlreiche Privilegien: Zollfreiheit, eine Faktorei); dieses Gebiet bekommt 1261/63 das Lübecker Stadtrecht. Im Jahre 1263 ist der Schulze als *Arnoldus antiquus scultetus de Gdanzc* erwähnt. 1298 baut man ein Rathaus, genehmigt vom polnischen Fürsten Władysław Łokietek. Es entstehen auch Befestigun-

Abb. 3: Das große Danziger Stadtsiegel; das Original befindet sich im Archiv in Lübeck (Quelle: F. Mamuszka)

gen. Der Stadtrat benutzt das große Danziger Stadtsiegel. Die Umschrift lautet: „SIGILLUM: BURGENSIUM: IN DANTZIKE"; im Stempelschild sieht man ein Hochseeschiff (Kogge), dessen Mast mit einem Kreuz verziert ist.

Während der Ausgrabungen 1971/74 stößt man unter dem Rathaus auf die Überreste des aus dem 10. bis 12. Jh. stammenden Burgwalls und der aus dem 13. Jh. stammenden Siedlung (Fachwerkhäuser mit Ziegeltreppen und gemauerten Feuerstellen). Die Überreste eines dritten Ziegelgebäudes in Form einer 110 cm hohen Wand deuten darauf hin, daß hier ein Rathaus gestanden hat. Diese Siedlung fiel 1308 einem Brand zum Opfer.

1271

Vergeblicher Versuch der Machtübernahme durch die Markgrafen von Brandenburg.

1282

Am 15. Februar wird der Vertrag von Kępno unterzeichnet: Mit Zustimmung von Ritterschaft und Hochadel übergibt Mestvin II./ Mściwój II. (*inter vivos*) Ostpommern dem Herzog von Großpolen, Przemysł II.

1294

Am 25. Dezember stirbt Herzog Mestvin II./Mściwój II., mit ihm erlischt das Geschlecht der pommerschen Herzöge. Sein Nachfolger wird Przemysł II., im Jahre 1295 polnischer König. Ein Jahr später kommt er in Rogoźno auf Geheiß der Brandenburger Markgrafen ums Leben. Nach seinem Tod regieren in Danzig der polnische Herrscher Władysław Łokietek (bis 1299), später Wacław II. (König von Polen und Böhmen), nach dessen Tod sein Sohn Wacław III. und ab 1306 wieder Władysław Łokietek.

1308

Der polnische Fürst Władysław Łokietek ruft den Deutschen Ritterorden zur Unterstützung gegen Angriffe des brandenburgischen Markgrafen herbei; die Ordensritter vertreiben die Brandenburger aus Danzig, setzen sich dann aber selbst dort fest. Die Stadt leidet sehr unter den Kämpfen, viele Bewohner kommen ums Leben.

1310

Der erste Komtur des Deutschen Ritterordens, Heinrich von Iseleben, läßt sich im herzoglichen Schloß nieder.

1312

Die in der Vorstadt ansässigen Fischer (*unde ouch dy Polene us demy hachilwerke*) (nach einem Dokument vom 19. Juli 1348) müssen vor den Kreuzrittern in die Jungferngasse/ul. Panieńska, Schloßgasse/ul. Zamkowa und nach Hakelwerk/Osiek ausweichen. Die Fischer erhalten Freiheiten für Fischfang und Bernsteingewinnung. Sie bekommen auch eine eigene Verwaltung sowie die Gerichtsbarkeit und das sog. polnische Rathaus. Ihre Siedlung wird mit Wall und Wassergraben umgeben.

1338/56

Bau des 11 km langen Kanals von Praust/Pruszcz Gdański nach Danzig unter Ausnutzung des ursprünglichen Mühlgrabens, hier werden mehrere Mühlen, u. a. die große Ordensmühle in der Altstadt, angetrieben; sie verteilen das schnell fließende Wasser, das für die Menschen lebensnotwendig ist, vielarmig durch die Stadt.

1340

Für den Komtur errichtet der Ritterorden eine Residenz; die Plankenbefestigungen werden durch Mauern, Türme und Zugbrücken ersetzt. In dieser Zeit kommen weitere deutsche Siedler nach Danzig. Um das Jahr 1343 findet vom Hochmeister Ludolf König eine Aussetzung der hiesigen städtischen Siedlung statt (1346 Kulmer Stadtrecht), die Erlaubnis, Gericht und Markt zu halten (die sog. Kulmische Handfeste); der berufene Rat zählt elf Ratsherren und zwei Bürgermeister. Diese Siedlung nennt man zu Beginn des 15. Jh. Rechtstadt/Główne Miasto.

Bis heute sind nur die Überreste der Ordensschloßmauer an der Mottlau (am Brausenden Wasser/ul. Wartka) erhalten geblieben.

1343

An der Stelle der im Jahre 1308 ausgebrannten Stadt entsteht eine neue Siedlung, die sich ab 1325 rasch entwickelt; vor allem Deutsche lassen sich hier nieder. In der Überlieferung von 1333 wird sie von

Abb. 4: Bild
‚Das Schiff der Kirche'
aus Artushof mit dem
Ordensschloß
(um 14. Jh.)
(Quelle: E. Keyser)

den Ordensrittern *civitas nostra* genannt. Im Jahre 1378 erhält sie von dem Hochmeister Winrich v. Kniprode das Privileg der vollen Selbstverwaltung.

1351
Gründung der Schützengilde durch Hochmeister W. von Kniprode.

1358
Die Vertreter von Danzig erscheinen auf dem Städtetag der Hanse.

1361
Danzig tritt der Hanse bei und spielt seitdem eine aktive Rolle.

1377
Auf dem Gebiet um die St.-Katharinen-Kirche entwickelt sich nach und nach eine Handwerkersiedlung, die auf die von Herzog Swantopolk/Świętopełk gegründete Siedlung zurückgeht; die

Hauptverkehrsadern sind Pfefferstadt/ul. Korzenna und Schmiede-
gasse/ul. Kowalska; diese Gemeinde heißt Altstadt/Stare Miasto
und bekommt im Jahr 1377 vom Deutschen Ritterorden die Stadtrechte. 1382 errichtet man an der Pfefferstadt/ul. Korzenna das
Rathaus der Altstadt.

1378
Während des Dominik-Jahrmarktes bricht ein Aufstand gegen den
Stadtrat aus, der mit Hilfe der Ordensritter niedergeschlagen wird.

1380
Nördlich von Altstadt und Hakelwerk entsteht durch den Deutschen
Ritterorden die Jung-Stadt (*Junge stad Danczk*) als Gegengewicht
zur sich schnell entwickelnden Rechtstadt. Auf dem Marktplatz wird
die St.-Bartholomäus-Kirche gebaut.

Um 1400
Die Rechtstadt zählt ca. 10.000 Einwohner, die Altstadt ca. 500, die
Jung-Stadt ca. 1.000 und Hakelwerk etwa 200. In Rechtstadt und
Jung-Stadt leben vorwiegend deutsche Einwohner, in Altstadt und
Hakelwerk vor allem polnische.

1410
Auf Befehl des Deutschen Ritterordens entsendet die Stadt zur
Schlacht bei Tannenberg/Grunwald ein Seemannsheer und 300
Stadtbewohner unter Hans v. Schönfeld. Niederlage des Deutschen
Ritterordens gegen ein vereinigtes polnisch-litauisches Heer unter
Jagiełło. Die Originalfahne aus dieser Schlacht (zwei Kreuze auf
rotem Schildfeld) wird im Schloß Wawel zur Schau gestellt. Am
7. August folgt die Huldigung der Stadt Danzig gegenüber dem
polnischen König. Sie erhält von Władysław Jagiełło zahlreiche
Privilegien.

1411
Die entschiedene Haltung der Oberhäupter der Stadt, besonders ihres
Bürgermeisters Konrad Letzkau, der kühn und energisch die Rechte
und Privilegien Danzigs veteidigt, erbittert den Komtur Heinrich
Reuss von Plauen, einen Bruder des gleichnamigen Hochmeisters,
so sehr, daß er die Bürgermeister Letzkau und Hecht sowie den

Ratsherrn Bartholomäus Gross ermorden läßt; diese Untat führt dazu, daß bei den Danziger Bürgern die Erinnerung an die einstigen Wohltaten des Ordens verblaßt und in Haß gegen die Willkürherrschaft der „Kreuziger", wie sie der Volksmund nennt, umschlägt.

1416

Aufstand der niederen Stände Danzigs gegen den Stadtrat. Die Münzanstalt des Deutschen Ritterordens und das Haus des Bürgermeisters Gert v. der Becke werden zerstört. 18 Aufständische kommen ums Leben, andere müssen die Stadt verlassen. Die Stadt erhält eine hohe Geldstrafe auferlegt.

1440

Die Stände und Städte in Preußen, darunter Danzig, stiften in Marienwerder den Preußischen Bund/Związek Pruski zum Zwecke gemeinsamer Befreiung von dem unerträglichen Joch der Ordensritter. Die diesbezügliche Urkunde befindet sich heute im Staatlichen Woiwodschaftsarchiv.

1454

Danzig sagt sich vom Orden los und huldigt dem König Kasimir von Polen; ein Krieg beginnt, in dem zuerst die Große Mühle besetzt und das Schloß vollkommen zerstört werden. Während des dreizehnjährigen Krieges 1454/1466 gegen die Kreuzritter unterstützt die Stadt Danzig den König mit Geld und Soldaten.

1455

Mit Zustimmung des polnischen Königs wird die Jung-Stadt (Ordensritterstadt) zerstört, ihre Bewohner ziehen in andere Teile Danzigs. Die Altstadt sowie Hakelwerk werden der Rechtstadt unterstellt.

1457

Danzig erhält vom polnischen König zahlreiche Privilegien (Handelsrecht, Münzprägung) und die Erweiterung des Besitzes (*privilegia Casimiriana)*; dies begünstigt in Danzig den weiteren wirtschaftlichen Aufschwung; im Wappen erscheint nun neben den zwei Kreuzen auch die königliche Krone. Die Stadt Danzig verpflichtet sich, eine Residenz für polnische Könige zu bauen, hält sich aber nicht daran.

1466

Im Frieden zu Thorn kommt das durch den langen Krieg verwüstete Land westlich der Weichsel und Nogat, das Kulmer Land und das Bistum Ermland an den polnischen Staat und erhält Selbstverwaltung mit eigenen Beamten; der Hochmeister ist zu Treueid und Heeresfolge verpflichtet und wird dem polnischen Staat gegenüber lehenspflichtig.

2. Hälfte des 15. Jh.

Fast alle Dörfer im Werder und mehrere auf der Höhe, der westliche Teil der Nehrung sowie die Halbinsel Hela bis Putziger Heisternest/ Pucka Jastarnia werden dem städtischen Territorium einverleibt, die bis dahin getrennt verwalteten Stadtteile zu einer Kommune unter dem Rate der Rechtstadt vereinigt; Danzig erhält eine unabhängige, nach der eigenen, „Die Danziger Willkür" genannten, Gesetzessammlung ausgeübte Gerichtsbarkeit, seine Zollfreiheit, das Recht, Münzen zu prägen etc.; so bleibt das Gemeinwesen auch unter polnischer Oberhoheit ein mächtiges Bollwerk westeuropäischer Kultur; auf die starke Entfaltung der Stadt weist die Anzahl der Bewohner hin: zu Ende des 15. Jh. 20.000, in der Mitte des 16. Jh. schon 40.000 und 77.000 in der Mitte des 17. Jh.

1523/26

Verbreitung der lutherischen Lehre. Der Rat steht mit Luther im Briefwechsel, der einen evangelischen Pastor sendet. Ausbruch von Aufständen infolge sozialer Ungerechtigkeiten und religiöser Streitigkeiten. Die Patrizier verlieren ihre Macht in der Stadt, die sie dank der Intervention des Königs Sigismund I. des Älteren zurückerhalten. 14 Aufständische kommen ums Leben, andere verlassen die Stadt, vor allem evangelische Christen.

1526

Am 26. Juli erläßt König Sigismund I. ein Statut (*constitutiones Sigismundi*), das die Macht der Patrizier bestätigt. Aber diese Macht wird durch die sog. Dritte Ordnung beschränkt. Diese ‚Dritte Abteilung' in der Wahlstätte besteht aus 100 Vertretern der niederen Stände und Vertretern der Zünfte.

1569

Der polnische König Sigismund August erhebt Anklage wegen Verrats, Aufstands und Beleidigung gegen die Stadt Danzig. Die Ursache ist ein Hühnerdiebstahl durch königliche Freibeuter, die daraufhin auf Befehl des Stadtrates hingerichtet und deren Leichname dann entwürdigt werden. Daraufhin findet sich die Danziger Delegation auf dem Reichstag zu Lublin im Gefängnis wieder. Durch ein königliches Dekret werden auf dem Reichstag die Rechte des polnischen Königs im sogenannten „Königlichen Preußen" mit Danzig hervorgehoben und ausgebaut. Dieses Dekret tritt wegen des Todes des polnischen Königs nicht in Kraft.

2. Hälfte des 16. Jh.

Einwanderung von Niederländern sowie einigen Spaniern, die wegen ihrer religiösen Bekenntnisse vertrieben wurden. Zahlreiche schöne Hausfassaden und monumentale öffentliche Bauten sowie Gemälde aus jener Zeit befestigen Danzigs Ruhm in der weiten Welt.

1577

Der Danziger Rat erkennt den in der Wahlstätte zum polnischen König erhobenen Stefan Batory nicht an. Zahlreiche katholische Kirchen sowie das Zisterzienserkloster in Oliva werden von Danzigern beraubt und niedergebrannt. Stefan Batory belagert die Stadt; in der Schlacht am Liebschauer See/Jez. Rokickie (Lubiszewskie) unterliegt das Danziger Heer endgültig. Die Stadt hat dem König 200.000 und den Zisterziensern 20.000 Gulden Entschädigung zu bezahlen.

16./17. Jh.

Durch seinen Handel stromauf- und -abwärts der Weichsel und mit der Hanse wird Danzig reich und mächtig. Es umgibt sich mit neuen und stärkeren Befestigungen (Erdwälle, Gräben, Mauern, Bastionen).

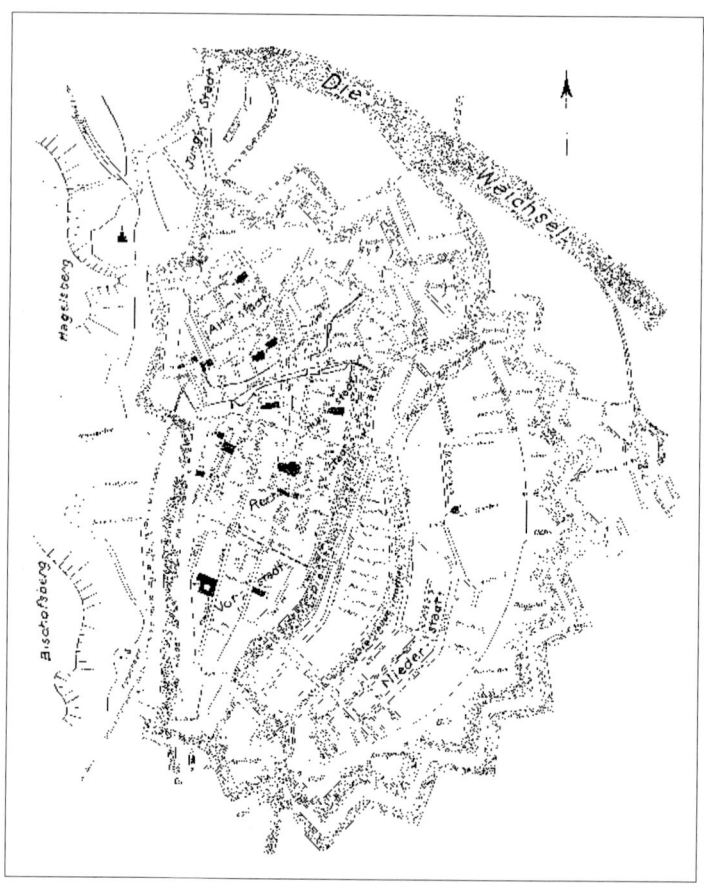

Abb. 5: Stadtbefestigungen aus dem 16. (Renaissance) und 17. Jh. (Barock),
(Quelle: E. Keyser, Deutscher Verlag, Stuttgart und Berlin 1925)

Es entstehen außerdem zahlreiche prächtige Gebäude der Kaufleute.
Der polnische König leiht sich öfter Geld von reichen Danziger
Patriziern. Im Franziskanerkloster entsteht ein akademisches Gym-
nasium.

1626/29 und 1655/60
Die schwedisch-polnischen Kriege ziehen Danzig und sein Territorium oft furchtbar in Mitleidenschaft. Die Stadt läßt trotz des Druckes das schwedische Heer nicht in ihre Mauern herein.

1678
Der König Jan III. Sobieski verstärkt in der Stadt die Bedeutung des Dritten Erlasses bei der Verwaltung in Danzig.

18. Jh.
Deutliche Wirtschaftsdepression als Folge des Nordischen Krieges (1700/21). Als im polnischen Erbfolgekrieg Danzig 1734 dem König Stanisław Leszczyński bei seiner Flucht vor August III. von Sachsen Unterschlupf bietet, wird es von einem vereinigten russisch-sächsischen Heer unter Feldmarschall Münnich belagert; Danzig muß eine große Summe als Kriegsentschädigung zahlen und August III. als König von Polen anerkennen. Die Bevölkerungszahl sinkt von ca. 50.000 im Jahre 1700 auf 36.000 im Jahre 1793 ab.

1772
Bei der ersten Teilung Polens verliert Danzig durch Friedrich den Großen seine vor der Stadt liegenden Besitzungen an Westpreußen und gerät damit in politischer Hinsicht und als Handelsplatz in eine isolierte Stellung.
Die preußische Zollgrenze vor den Toren an der Weichsel und am Hafen lähmt seinen Handel und lenkt den Verkehr auf das Neufahrwasser/Nowy Port, den preußischen Hafen sowie zu den schnell emporblühenden, zu einer Kommune vereinigten Vorstädten St. Adalbert, Altschottland, Stolzenberg und Schidlitz.

1793
Inbesitznahme der Stadt Danzig durch Preußen.

1807
Napoleonischer Krieg, Belagerung und Okkupation durch die Franzosen; im Frieden zu Tilsit wird die Stadt mit einem zwei Meilen breiten Territorium unter dem Schutz von Frankreich zur Freien Stadt und Republik mit früheren Rechten und Freiheiten erklärt;

trotzdem bleibt eine französische Besatzung unter General Rapp in der Stadt.

1813

In der fast ein Jahr dauernden Belagerung der Stadt durch das russische Heer kommen ca. 5.600 Einwohner wegen Kälte, Hungers und Kriegsverletzungen ums Leben.

1814

Abzug der Franzosen und Polen. Da sich die Stadt Danzig an Napoleon angeschlossen hatte, verliert sie nach dessen Niederlage den Status einer Freien Stadt und Republik wieder.

1815

Danzig fällt wieder an Preußen und wird bis 1824 Hauptstadt Westpreußens; Langfuhr/Wrzeszcz, Neufahrwasser/Nowy Port, Alt- und Neuschottland sowie Schidlitz/Siedlce werden der Stadt einverleibt; Einwohnerzahl 1846: 60.000.

1850

Allmählich entwickelt sich Industrie. In Danzig errichtet man Bauten für die große preußische Garnison.

1852

Eisenbahnverbindung mit Bromberg/Bydgoszcz, seit 1870 mit Köslin/Koszalin und 1877 mit Warschau/Warszawa.

1870

Pferdebahn von Danzig nach Oliva.

1872

Eröffnung des Stadtmuseums im ehemaligen Franziskanerkloster dank der Bemühungen des Bildhauers Rudolf Freitag und der Gaben des Jakob Cockburn aus Schottland.

1876

Zahlreiche deutsche Organisationen existieren bereits. Belebung der polnischen kulturellen Organisationen, u. a. des Polnischen Bundes „Ogniwo", der Volksgesellschaft „Jedność".

2. Hälfte des 19. Jh.

Entfaltung der Schiffbauindustrie; in Betrieb sind bereits: seit 1850 Klawitterwerft, Königs-, später Kaiserwerft, seit 1890 Schichauwerft; Bau der unterirdischen Quellwasserleitung aus den Waldbergen bei Prangenau und der Kanalisation; der Inhalt der Abzugskanäle wird durch die Dampf-Pumpstation in die Rieselfelder bei Heubude gepumpt.

1879

Zollfreie Zone beim Eingang in den Danziger Hafen (heutiges Wasserbecken Basen Władysława IV).

1891/1900

Bau des Hauptbahnhofes an der Stelle alter Befestigungsanlagen aus dem 17. Jh. 1900 wird dieses Backsteingebäude fertiggestellt, es zählt zu den schönsten Bahnhofsbauten Polens.

1895

Auf der westlichen Seite der Stadt beginnt man mit der Einebnung des Stadtgrabens; das moderne Danzig entsteht. An der Stelle alter Befestigungen (Dominikswall/ul. Wały Jagiellońskie und Karren- und Wiebenwall/ul. Okopowa) entstehen neue, mächtige Gebäude.

1898

Auf der Insel Bleihof geht das Danziger Kraftwerk in Betrieb.

ca. 1900

Die Danziger Industrie zählt ca. 120 Betriebe mit 15.000 Beschäftigten.

1901/04

Bau des Kaiserkanals/Kanał Kaszubski, 2 km lang, 140 bis 230 m breit und über 7,5 m tief.

1904

Eröffnung der Danziger Technischen Hochschule in Langfuhr. Übergabe der neuen Gebäude des Staatlichen Archivs und der Stadtbibliothek; verschiedene Zeitungen entstehen, so die „Danziger

Zeitung", „Neue Wogen der Zeit", „Danziger Allgemeine Zeitung" und auch die polnische „Gazeta Gdańska".

1910

Durch Oberbürgermeister Scholtz wird eine weitere große Eingemeindung vollzogen.

1911

Die Wälle auf der Niederungsseite fallen größtenteils und geben der neuen Stadterweiterung Raum.

1914/18

Der Erste Weltkrieg bringt der Stadt und ihrer Bevölkerung eine deutliche Verschlechterung der Lebensbedingungen. Die Industrie stellt sich auf den Krieg ein. 1917 streiken 15.000 Arbeiter der Rüstungsindustrie.

1918

Zusammenbruch der Monarchie, Kriegsende.

1919

Im Vertrag zu Versailles am 28. Juni wird auf der Grundlage der Artikel 100 bis 108 beschlossen, Danzig vom Deutschen Reich abzutrennen. Die Stadt ist zum größten Teil von Deutschen bewohnt, ist aber mit Polen wirtschaftlich eng verbunden. In den Grenzen der Freien Stadt Danzig leben ca. 356.000 Einwohner, davon sind ca. 15.000 Polen.

1920

Am 15. November wird die „Freie Stadt Danzig" (das Stadtgebiet umfaßt auch den berühmten Badeort Zoppot/Sopot) proklamiert; nach den Bestimmungen des Versailler Vertrages bildet Danzig eine Zollgemeinschaft mit Polen; Polen hat das Recht und die Pflicht, Danzig in auswärtigen Angelegenheiten zu vertreten und den Schutz der Danziger Staatsbürger im Ausland zu übernehmen; zur Schlichtung von Streitigkeiten wird der Völkerbund in Danzig durch den „Hohen Kommissar" vertreten; er soll vermitteln und ggf. Streitfälle vor die Genfer Tagungen des Völkerbundes bringen; Polen wird im Versailler Vertrag gestattet, den Danziger Hafen für seine Ein- und

Ausfuhren voll zu nutzen. 1929 gibt es hier nur 9,1 % Polen. Der Bau des Hafens im ehemaligen Fischerdorf Gdingen, 14 km von der Grenze Danzigs entfernt, wird von den Danzigern als Bedrohung angesehen.

Der Ausbau von Gdingen zeigt eine der größten Leistungen des jungen polnischen Staates. Ein großes Verdienst bei der erfolgreichen Verwirklichung dieses Unternehmes ist den beiden Zwischenkriegsministern Władysław Grabski und Eugeniusz Kwiatkowski zuzuschreiben.

Der „Volkstag" von Danzig (Stadtparlament) zählt zu Beginn 120 Abgeordnete, davon sieben polnische. Die Macht in der Stadt übt ein Senat mit dem Präsidenten an der Spitze aus, als Vertretung der Bevölkerung fungiert der Volksrat.

1921

Am 1. Juni nimmt der Rat der Häfen und Wasserwege seine Arbeit auf; er führt Aufsicht über den 800 ha großen Danziger Hafen. Auf Veranlassung des Höchsten Rates der Alliierten wird er gewählt und besteht aus fünf Danziger und fünf polnischen Kommissaren und einem Präsidenten, der unter den Bürgern schweizerischer Herkunft gewählt wird.

1922

Neben den zahlreichen deutschen Schulen entstehen auch polnische, u. a. das Polnische Gymnasium im. (= namens) J. Piłsudskiego.

1924

Am Heveliusplatz/heute pl. Obrońców Poczty Polskiej ist die Polnische Direktion der Post und Telegraphie untergebracht; hier arbeitet auch das Postamt Nr. 1. Im Oktober bekommt Polen vom Völkerbund die Halbinsel Westerplatte in Erbpacht. Der größte Teil dieser Halbinsel geht an das polnische Militär; 1925 entsteht hier das militärische Munitionslager, welches durch eine bewaffnete Gruppe von 88 Personen geschützt werden soll.

1925

Die Danziger Diözese wird gebildet; ihr Hauptsitz ist in Oliva.

1926
Eröffnung der polnischen Handelsschule (1. Stufe: eine dreijährige Handelsschule und 2. Stufe: eine Handelshochschule).

1930
Albert Forster, Hitlers Bevollmächtigter, kommt nach Danzig, um der NSDAP den Weg zu bereiten. Die Zeitschrift „Danziger Vorposten" wiederholt ständig die Losung „Zurück zum Reich".

1918/39
Entstehung zahlreicher polnischer Organisationen und Vereine, z. B. Polnische Gemeinde, Verband der Polen, Gesellschaft der Polinnen.

1933
Nationalsozialistische Regierung. Der Danziger Senat will die Aufsicht über den Danziger Hafen übernehmen. Am 15. Februar übergibt der Senat die Aufsicht im Hafen der Polizei. Dies wird später auf Intervention des Völkerbundes rückgängig gemacht.
Der Senat bereitet auch einen Überfall auf die Westerplatte vor. Eine Intervention des Völkerbundes verhindert dies. Danach wird auf der Westerplatte die Abwehr verstärkt (sechs Wachposten und Feldwache am Rande der Halbinsel mit insgesamt 210 Leuten).

1939
Bruch der Beziehungen zwischen Deutschland und Polen; am 28. April stellt Hitler die Forderung nach Rückkehr Danzigs ins Reich. Am 1. September beginnt der Angriff auf Polen; um 4.45 Uhr feuert der Schlachtkreuzer „Schleswig-Holstein" auf das polnische Munitionsdepot auf der Halbinsel Westerplatte, es beginnt der Zweite Weltkrieg; deutscher Überfall auf die polnische Post am Heveliusplatz (im Kampf kommen zwölf in der Post Beschäftigte ums Leben, 38 werden erschossen und in Saspe heimlich begraben); Eingliederung Danzigs in die Provinz Danzig-Westpreußen; 36 km östlich von Danzig wird das Arbeitslager Stutthof/Sztutowo, in dem viele Zivilisten den Tod finden, eingerichtet; am 7. September Kapitulation der polnischen Soldaten auf der Westerplatte; hier entsteht nach dem Krieg eine Gedenkstätte und ein polnisches Denkmal für die Verteidiger der Ostseeküste auf der Westerplatte.

1940/45
Im Danziger Hafen werden U-Boote gebaut.

1941
Einwohnerzahl 250.000.

1942
Bombardierung der Stadt durch englische Flugzeuge.

1944
Angriff einer amerikanischen Bomberstaffel.

1945
Am 30. März Einnahme der Stadt durch die russische Armee und polnische Abteilungen; die Altstadt ist zu 90 %, die Vorstädte sind zu 60 % zerstört; Übernahme der Stadt durch Polen, Ausweisung der deutschen Bewohner.

1946
Einwohnerzahl 118.000.

1948
Das erste Hochseeschiff, die „Sołdek", läuft vom Stapel der Werft Stocznia Gdańska; heute liegt sie als Museumsobjekt am Mottlauufer neben dem Zentralmeeresmuseum; die Stadt wird nach und nach wiederaufgebaut; seit 1955 finden in der Marienkirche wieder christliche Gottesdienste statt; ab 1959 arbeitet die TV-Station Gdańsk.

1955
Eröffnung der Bibliothek der Polnischen Wissenschaftlichen Akademie (PAN).

1965
Eröffnung des auf dem Kohlenmarkt neu errichteten Theaters „Wybrzeże".

1970
Eröffnung der Danziger Universität.
Unzufriedenheit über fortwährende Preissteigerungen und sinkenden Lebensstandard breitet sich aus. Am 16. Dezember streiken die

3. Danzig im Jahre 1945

Werftarbeiter gegen die sozialistische Regierung Polens; blutige Auseinandersetzungen mit Armee und Polizei sind die Folge; die Werftarbeiter stecken das Gebäude des Woiwodschaftskomitees der Polnischen Vereinigten Arbeiterpartei in Brand und errichten Barrikaden. 1976 Bildung der freien Gewerkschaft, seit 1980 „Solidarność", Untergrundtätigkeit nach ihrem Verbot.

1971
Baubeginn des Nordhafens, der größten maritimen Investition in Polen nach dem Zweiten Weltkrieg.

1974
Schließung des veralteten Flughafens in Langfuhr/Gdańsk-Wrzeszcz und Eröffnung des neuen in Ramkau/Rębiechowo.

4. Danzig heute

1980

Großer Streik der Werftarbeiter der „Solidarność" mit Lech Wałęsa an der Spitze in der Werft „Stocznia Gdańska"; am 16. Dezember Enthüllung eines Denkmals zu Ehren der ermordeten Werftarbeiter von 1970 auf dem Werftgelände.

1981

Am 13. Dezember Ausrufung des Kriegsrechts; die Tätigkeit der Gewerkschaft „Solidarność" wird vorläufig verboten, führende Mitglieder werden interniert (u. a. auch Lech Wałęsa, der Vorsitzende der Gewerkschaft und spätere Präsident, sowie andere führende Mitglieder der Gewerkschaft „Solidarność").

1982

L. Wałęsa und andere Mitglieder der Gewerkschaft „Solidarność" werden aus der Haft entlassen.

1983

Verleihung des Friedensnobelpreises an Lech Wałęsa.

1987

Papst Johannes Paul II. besucht Danzig, mehr als eine Million Menschen versammeln sich, um ihn zu sehen und zu hören.

1988

Der Ministerpräsident Mieczysław Rakowski schließt die Werft „Stocznia Gdańska"; als Vorwand dient der Hinweis auf Unrentabilität.

1990

Die Gewerkschaft Solidarność arbeitet offiziell; Lech Wałęsa wird zum Präsidenten Polens gewählt.

1992

Einwohnerzahl 470.000.

Berühmte Danziger Persönlichkeiten

Jeremias Falck, * 1609 in Danzig, † 1677 in Danzig; bekannter Künstler; Maler zahlreicher Porträts von Königen Europas sowie von Patrizierbildnissen, auch von Danzig; Buchillustrator.

Johannes Hewelke-Hevelius, * 1611 in Danzig, † 1687 in Danzig; berühmter Danziger Astronom; entwarf als erster eine Mondkarte; zeichnete auf einer Himmelskarte zahlreiche Sternbilder nach; ab 1651 Ratsherr des Altstädtischen Rathauses, seine Büste ist dort im Flur zu sehen; beigesetzt in der Krypta der St.-Katharinen-Kirche in Danzig.

Daniel Gabriel Fahrenheit, * 1686 in Danzig, † 1736 in Den Haag; berühmter Physiker; erforschte die Abhängigkeit der Siedetemperatur des Wassers vom Luftdruck; erbaute als erster in der Welt ein Thermometer, in dem der früher gebräuchliche Alkohol durch Quecksilber ersetzt wurde; er führte auch eine neue Temperaturskala ein, in der der Gefrierpunkt des Wassers mit + 32 °F, sein Siedepunkt mit + 212 °F festgelegt wurde; diese Skala wird bis heute in Großbritannien und den USA neben der Celsiusskala angewendet. Er baute außerdem zahlreiche Geräte für den Bereich der Physik, u. a. das Barometer.

Daniel Chodowiecki, * 1726 in Danzig, † 1801 in Berlin; bekannter Maler; lernte die Malkunst in der Aktklasse der Privatakademie von B. Rode kennen; Mitglied der Berliner Akademie, deren Direktor er später wurde; illustrierte den *„Genealogischen Kalender"* sowie zahlreiche Werke, u. a. von Goethe, Schiller und Lessing, außerdem Enzyklopädien und wissenschaftliche Werke. Berühmt machten ihn vor allem kleine Illustrationen und ‚Zeichen am Rande'. Er malte auch Ölgemälde, z. B. das berühmte Bild *„Les Adieux de Calas à sa famille"* (Der Abschied Calas' von seiner Familie). Seine zahlreichen Werke können in vielen deutschen und polnischen Museen bewundert werden (u. a. im Nationalmuseum in Danzig).

Johann Georg Forster, * 1754 in Nassenhuben im Danziger Werder, † 1794 in Paris; Professor für Naturwissenschaften am Carolineum in Kassel und an der Universität Wilna; Autor berühmter Reisebeschreibungen; Teilnahme an der ersten, durch James Cook organisierten Reise rund um die Erde; mußte wegen seiner Begeisterung für die Französische Revolution Deutschland verlassen; sein Leben endete in Paris.

Arthur Schopenhauer, * 1788 in Danzig, † 1860 in Frankfurt am Main; berühmter Philosoph; Sohn der bekannten Schriftstellerin Johanna Schopenhauer; er studierte in Göttingen und Berlin; Promotion mit der Dissertation *„Die vierfache Wurzel des Satzes vom zureichenden Grunde"* an der Universität in Jena; pessimistische Grundeinstellung, beklagte fehlende Moralvorstellungen, die Ursache dafür sah er in der Herauslösung des Individuums aus der Gesellschaft.

Johann Carl Schultz, * 1801 in der Jopengasse 25, † 1873 in Danzig; berühmter Maler; Studium an der Kunstakademie in Berlin und in der Domenico Quaglio in München; vierjähriger Aufenthalt in Italien, wo er sich für die italienische Malerei und Architektur begeisterte; gründete im Jahre 1835 den *„Danziger Kunstverein"*, schuf das einmalige Werk *„Danzig und seine Bauten"* in Orginalradierungen.

Wilhelm Stryowski, * 1834 in der Petershagenstraße 16, † 1915 in Danzig; berühmter „Maler der polnischen Flößer"; von der Wohnung am Radaunen-Kanal (am Weg zur Mottlau und zur Weichsel) beobachtete er schon seit seiner Kindheit das Treiben am Wasser; seine besten Bilder entstammen gerade seinen Studien auf Troyl; seine wichtigsten Werke sind „Das Ausruhen der Bauern aus Galizien", „Slowakischer Drahtmacher", „Jüdischer Hochzeitszug" sowie „Szene aus dem polnischen Aufstand"; er war Professor an der Kunsthochschule in Danzig und auch Kustos des Danziger Stadtmuseums, heute Nationalmuseum (wie auch der Autor dieses Reiseführers).

Günter Grass, * 1927 in Langfuhr im Labesweg/ul. Lelewela, lebt in Deutschland; bekannter Schriftsteller, gelernter Bildhauer und Graphiker – Studium der Bildhauerei in Düsseldorf und Berlin; als Schriftsteller wurde er vor allem durch seine Werke „*Die Blechtrommel*" (1959, 1979 verfilmt von V. Schlöndorff), „*Hundejahre*", „*Der Butt*", „*Die Plebejer proben den Aufstand*", „*Örtlich betäubt*", „*Das Treffen in Telgte*", „*Die Rättin*" sowie zahlreiche weitere Romane, Dramen und wissenschaftliche Abhandlungen bekannt; seine Bücher werden auch in Polen gelesen; dort erschien auch ein Buch mit dem Titel „*Günter Grass in der polnischen Kritik*".

STADTBESICHTIGUNG

Rechtstadt und Alte Vorstadt

Die *Rechtstadt*/Główne Miasto erstreckt sich westlich vom Fluß Mottlau/Motława und nimmt eine Fläche von 42 ha ein. Sie ist im Norden vom Altstädtischen Graben/Podwale Staromiejskie, im Westen vom Kohlenmarkt und der Reitbahn/ul. S. Bogusławskiego und im Süden vom Vorstädtischen Graben/Podwale Przedmiejskie begrenzt. Hier führten wichtige Handelsstraßen vom Fluß Mottlau nach Westen, die den Mottlauhafen mit Kaufhäusern, Lagern und Läden der Stadt verband. Abzweigungen dieser Straßen waren kleine, schmale Gassen, u. a. Altes Roß/ul. Grząska, Kuhgasse/ul. Krowia, Scheibenrittergasse/ul. Szklary, Tagnetergasse/ul. Tandeta und andere. Eine der für den Handel wichtigsten Einfallstraßen ist seit dem Mittelalter die Route: Große Gerbergasse/ul. Garbary, Große Wollwebergasse/ul. Tkacka, Große Scharmachergasse/ul. Kołodziejska, Kohlengasse/ul. Węglarska und Junkerngasse/ul. Pańska. Diese war ein Teil des Handelsweges (*via mercatorum*) aus dem Süden Polens zum Marktplatz bei dem Dominikanerkloster in Danzig und führte weiter nach Westen. Im Stadtteil Rechtstadt entstanden zahlreiche bedeutende europäische Architekturbauten. In Danzig fehlt der für viele mittelalterliche Städte typische Ring. Den Grundriß veranlaßte wesentlich der sog. Lange Markt/Długi Targ (36 x 195 m), in der heutigen Form schon im 14. Jh. gestaltet. Hier entstanden die schönsten, berühmtesten Bauten Danzigs: Rathaus, Artushof, Grünes Tor und zahlreiche Patrizierhäuser.

Südlich der Rechtstadt entwickelte sich schon seit dem Mittelalter die dicht bewohnte *Alte Vorstadt*/Stare Przedmieście. Hier sind die folgenden Sehenswürdigkeiten zu bewundern: Franziskanerkloster,

Abb. 6: Stadtplan von Danzig (Ausschnitt), Original im Anhang des Buches (Die Ziffern auf dem Stadtplan beziehen sich auf die im folgenden Text in Klammern angegebenen Ziffern der Sehenswürdigkeiten)

St.-Peter-Paul-Kirche und Überreste der Befestigungsbauten. Wichtige Straßen dieses Gebietes sind die zur Rechtstadt führenden Poggenfuhl/Żabi Kruk, Lastadia/ul. Lastadie und die Fleischergasse/ul. Rzeźnicka.

Königlicher Weg

Hohes Tor/Brama Wyżynna – *Peinkammer*/Katownia – *Stockturm*/Wieża Więzienna – *Langgasser Tor*/Złota Brama – *Georgshalle*/Dwór Bractwa św. Jerzego – *Langgasse*/ul. Długa – *Langer Markt*/Długi Targ – *Artushof*/Dwór Artusa – *Grünes Tor*/Zielona Brama.

Eine Besichtigung der Stadt Danzig beginnt man am besten am *Hohen Tor*/Brama Wyżynna [1], das schon im Mittelalter den Weg zur Rechtstadt öffnete. Hier wurden bedeutende Persönlichkeiten durch den Bürgermeister und die Ratsherren als Gäste willkommen geheißen. Das Hohe Tor war früher Teil der Befestigungsanlage; ein Wall umgab auch im Süden, Osten und Norden das alte Danzig. Die mittelalterlichen Mauern wurden im 19. Jh. zum größten Teil abgetragen. Erhalten geblieben sind nur die Bastionen Gertrud/św. Gertrudy (1600), Maidloch/Żubr (1623), Wolf/Wilk, Leeges Tor/ Brama Nizinna und die berühmte *Stein-Schleuse.*

Die Stein-Schleuse/Śluza Kamienna wurde 1619/24 von W. Bennig und A. Olbrants, zwei niederländischen Meistern, errichtet; sie regulierte den Wasserstand in den Stadtgräben und in der Mottlau. Im Notfall konnte das Werder überschwemmt werden. Dicht daneben stand eine Mühle (abgebrannt 1945), die während der Belagerung Danzigs als Notmühle diente.

Das Hohe Tor wurde 1575 von dem städtischen Baumeister Hans Kramer aus Dresden errichtet. Es erhielt 1588 von Willem van den Blocke eine Prachtfassade aus gehauenem Sandstein; diese wird durch vier Pilaster geteilt, die einen Architrav mit lateinischen Sentenzen halten.

Das Mittelfeld über der Durchfahrt zeigt das polnische Wappen, über dem zwei geflügelte Gestalten die polnische Königskrone halten; die Inschrift lautet: „*Iustitia et pietas duo sunt regnorum omnium*

5. Hohes Tor/Brama Wyżynna

fundamenta" („Gerechtigkeit und Frömmigkeit, diese zwei sind das Fundament aller Herrschaft"). Links davon befindet sich das von Einhörnern gehaltene königlich-preußische Wappenschild mit dem Text: *„Sapientissime fiunt omnia quae pro republica fiunt"* („Aufs weiseste geschehe alles, was für die Republik getan wird"). Rechts wird das Stadtwappen mit den beiden Kreuzen und der Krone von springenden Löwen gehalten, die Aufschrift lautet: *„Civitatibus haec optanda bona maxime: pax, libertas, concordia"* („Den Gemeinwesen sind am meisten zu wünschen: Friede, Freiheit und Eintracht").

Die Fassade wird von vier Löwen verziert, die beiden äußeren tragen Wetterfahnen.

Das Hohe Tor erreichte man einst über eine den Stadtgraben überspannende Zugbrücke; das Tor war, wie die anderen Eingänge zur Innenstadt, im Sommer und Winter zu bestimmten Stunden geschlossen, die Zugbrücke wurde mit Seilen über sechs Blockrollen hochgezogen; sie sind bis heute zu sehen.

Die mächtig aufstrebende Stadt begann, den sie einengenden Festungsring zu sprengen. Im Jahre 1878 wurde das Hohe Tor aus seiner Umgebung isoliert, der Fußgängerverkehr zur Innenstadt seitlich an dem Gebäude vorbeigeleitet.

Östlich vom Hohen Tor befindet sich ein Komplex aus der Zeit der Gotik und Renaissance, das „Vortor"/Przedbramie ul. Długiej; es besteht (vom Westen her) aus Peinkammer/Katownia und Stockturm/Wieża Więzienna, die untereinander mit zwei Mauern verbunden sind; das Vortor ist Teil einer einheitlichen Befestigungsanlage, die den Weg von der Stadt aus zur Höhe sichern sollte.

Der *Stockturm* **[2]** ist in den unteren Stockwerken, die besonders wuchtig wirken, Stück eines alten Befestigungsturms aus dem ausgehenden 14. Jh. Ihn erbaute man damals zur Verstärkung des im Jahre 1346 errichteten alten „Langgasser Tores", das den Abschluß der Langgasse bildete.

Zu Beginn des 16. Jh. erhöhte man den Turm durch Aufstockung von zwei Etagen auf 32 Meter. Im Jahre 1509 wurde der Bau vollendet und das Dach des Turmes mit Blei gedeckt. Bei diesen Arbeiten verunglückte der Meister Christopher; er stürzte von oben herab. Damals erhielt der Stockturm eine Spitze und an den Ecken schlanke, spitze Ecktürmchen, angefertigt vom Danziger Baumeister M. Enkinger.

Bei der Belagerung der Stadt durch das polnische Heer unter Stefan Batory im Jahre 1577 wurde der Turm stark beschädigt. Der Rat der Stadt entschloß sich bald darauf, die Bedachung des Bauwerkes vollständig erneuern zu lassen. Damals entstand die schön verzierte Turmspitze, deren Wiederaufbau 1991 in Angriff genommen wurde.

Der flämische Meister Antony van Obberghen führte im ganzen Komplex des Vortores umfangreiche Arbeiten und Verzierungen im Renaissancestil aus. Die Steinhauerarbeiten leitete hier der Meister W. Barth. Sie dauerten von 1587 bis 1604.

Nach der letzten Instandsetzung ist das Gebäude heute im wesentlichen nach den damaligen Entwürfen hergerichtet. An den Seiten finden sich alte Türen, durch welche die Treppenaufgänge im Turm zu erreichen waren. Nach dem Betreten der alten Torbefestigung des Stockturms gelangen wir in die *Peinkammer*; sie war ursprünglich auch ein Befestigungstor, ihre untersten Stockwerke gehen in die Zeit des beginnenden 15. Jh. zurück. 1593 wurde im ersten Stockwerk ein größerer Saal errichtet, die „Peinstube", nach der das ganze Gebäude seinen Namen „Peinkammer" erhielt. Das Dach darüber war von vier Giebeln verziert. Seitwärts ziehende Mauern verbanden den Stockturm und die Peinkammer miteinander. In den gemauerten Gewölben des Stockturmes befanden sich dunkle Zellen, in die keinerlei Licht fiel. Ähnliche verliesartige Gewölbe befanden sich auch im Bereich der Peinkammer unterhalb der Peinstube. Diese finsteren Löcher dienten über viele Jahrhunderte als Zellen für Gefangene. Der Ausbau dieser Gebäude zum Gefängnis erfolgte 1593 bis 1604. Die Einzelzellen im Stockturm dienten der Unterbringung von Schwerverbrechern und hießen: „Widder", „Stier", „Schwein", „Rabe", „Wolf".

Nach 1793 gingen sämtliche Befestigunganlagen in den Besitz der preußischen Militärverwaltung über. Erst 1887 kamen Stockturm und die Peinkammer wieder in den Besitz der Stadt Danzig. Nach ihrer Instandsetzung nach dem Ersten Weltkrieg wurde Verschiedenes hier untergebracht, so der „Verein Danziger Künstler", zahlreiche Kunstausstellungen, ein Hilfszug des Roten Kreuzes, ein wissenschaftliches Antiquariat. Außen baute man kleine Läden an.

Im Zweiten Weltkrieg war das Gebäude Frauengefängnis und Krankenhaus. 1973 übernahm das Geschichtsmuseum der Stadt Danzig diesen Komplex. Seit dem letzten Wiederaufbau hat der Lehrstuhl für Kriminalistik der juristischen Fakultät der Danziger Universität in der Peinkammer seine Räume. Hier finden Vorlesungen statt; hier stellt man auch Exponate für das Museum der Kriminalistik und des Danziger Rechts zusammen.

Der vierte und letzte Befestigungsbau der starken Sicherheitskette vor dem Hauptzugang Danzigs ist das *Langgasser Tor*/Złota Brama [3]. Hier stand einst inmitten der alten Stadtmauer ein niedriges Backsteintor, das in seinen Anfängen auf das Jahr 1346 zurückging. Das heutige Langgasser Tor erbaute 1612 der Stein- und Bildhauer Abraham van den Blocke mit einem hohen Durchlaß für Fuhrwerke und zwei niedrigen für Fußgänger.

6. Das Langgasser Tor/Złota Brama, im Hintergrund die Langgasse und das Rathaus

Es ist malerischer Abschluß in Renaissancekunst. Die Inschrift des Langgasser Tores, die auf der Seite zur Langgasse/ul. Długa zu lesen ist, lautet: *„Concordia res publicae parvae crescunt – discordia magnae concidunt"* („Durch Eintracht wachsen kleine Vermögen, große fallen durch Zwietracht zusammen").

Die **Georgshalle**/Dwór Bractwa św. Jerzego **[4]** schließt sich nördlich an das Langgasser Tor an. Es handelt sich um ein 1487/94 von Georg Glotau erbautes Schlößchen, das den reichsten Patriziern Danzigs von der St.-Georgs-Bruderschaft gehörte. Im Jahre 1803 ging das Haus nach Auflösung der Bruderschaft in den Besitz der Stadt über. Dieses quadratische, 14 x 14 Meter große Gebäude ist mit Attika und Ecktürmchen verziert und trägt ein nach vier Seiten abfallendes Dach (mit einem achteckigen Türmchen mit Laterne, wiederhergestellt 1955). Auf der Spitze der Turmnadel steht eine Nachbildung der Statue des hl. Georg (Patron der Bruderschaft), sein Helm war geschmückt mit den Wappen Polens und Danzigs, das Orginal von 1556 befindet sich im Nationalmuseum in Danzig/ Gdańsk. Der Repräsentationssaal oben in der Georgshalle diente geselligen Zwecken, unten war das Waffenlager. Schießübungen fanden an zwei Mauern an der Nordseite des Geländes statt. Fragmente dieser Mauern können wir heute sehen, wenn wir in Richtung des **Strohturmes**/Baszta Słomiana **[5]** (beschrieben S. 83) gehen. Im Jahre 1953 übernahm die Gesellschaft der Polnischen Archtitekten die Georgshalle.

Wichtigste Sehenswürdigkeiten der Langgasse/ul. Długa

Die Langgasse (*lat. longa platea*) wurde schon 1331 erwähnt. Sie führte ursprünglich unter diesem Namen bis zum Fluß Mottlau. Geradeaus schauend bewundern wir den großen Reichtum der architektonischen Details, der Portale und Gesimse, der Bildhauer-, Maler- und Sgraffitikunst. Leider gibt es heute die für diese Straße charakteristischen Beischläge nicht mehr; sie wurden abgerissen, um die Langgasse zu verbreitern. Das östliche Ende der Gasse bildet der mit einem Renaissancehelm verzierte Turm des Rathauses. Ursprünglich standen an der Langgasse Fachwerkhäuser. Im 15. Jh.

Abb. 7: Langgasse/ul. Długa im 19. Jh., noch mit Beischlägen, nach dem Stich von J. K. Schultz (1801/73)

wichen sie Ziegel- oder Steinhäusern mit ihren einfach strukturierten, ein-, zwei- oder dreireihigen Fensterfassaden. Die Steuer richtete sich nach der Anzahl der Fenster. Da die Bewohner dieser Straße nur kleine Parzellen bekamen, wurden die Häuser in die Höhe gebaut. Die schmalen Fassaden zeugen noch heute davon. Alle Häuser hatten Keller, die z. T. zwei Stockwerke unter Straßenniveau lagen; in ihnen waren Lagerplätze für Waren und Verkaufsläden. Das Innere der Bürgerhäuser war im Dreitraktsystem aufgeteilt. Das Oberlicht erhellte den Mitteltrakt mit dem Treppenhaus. Den Hausflur im Parterre richtete man sehr geschmackvoll ein. Beim Eingang zu einem gotischen Patrizierhaus waren meistens Steinplatten verlegt, die Flachreliefs von Heiligen zeigten. Im Laufe der Zeit wichen die Steinplatten den „Beischlägen" mit reichen Skulpturverzierungen.

Die Beischläge entstanden gegen Ende des 16. Jh. aus Angst vor Überschwemmungen, die bis zwei Meter über Straßenniveau stiegen. Auf den Beischlägen saßen die Danziger Bewohner, amüsierten sich und empfingen Gäste. Diese Beischläge verkörperten den Stolz und das Vermögen der Kaufleute.

Am Ende des 19. Jh. begann man, sie wegzuschaffen, z. B. aus der Langgasse. Englische Bürger kauften Dutzende von ihnen, luden sie auf Schiffe und schmückten damit die Eingänge ihrer heimatlichen Häuser.

Auf die gotischen Fassaden folgten Renaissancefassaden, anschließend Barock- und Rokokofassaden. Im 19. Jh. wurden die „Beischläge" abgerissen, die reichen Hausflure mußten vielerorts Läden mit großen Ausstellungsfenstern weichen.

1945 bekam der Straßenzug erhebliche Schäden; er sah wie ein Trümmerfeld aus. Die Gebäude wurden nach und nach durch polnische Baumeister, Bildhauer und Maler originalgetreu wiederaufgebaut. Die wichtigsten werden im folgenden beschrieben:

Das **Uphagenhaus** (Nr. 12) **[6]** wurde durch den Baumeister Benjamin Dreyer 1776 nach Auftrag des aus Flandern stammenden Danziger Patriziers J. Uphagen erbaut. Das schön eingerichtete Haus (Skulpturen, Möbel, persische Teppiche, Bilder, Tische) übergab er der Stadt; es sollte als Museum dienen und das Innere eines Danziger

Patrizierhauses aus dem 18. Jh. zeigen. Ein Besuch war ein unvergeßliches Erlebnis; hier fand man das „Hangelstübchen", den Roten Saal, eine Reihe von Zimmern mit Holztäfelung, die für Gesellschaftsspiele und Konzerte genutzt wurden, eine Bibliothek sowie Porzellan und andere Kunstwerke. Seinen Ausstellungszweck erfüllt das Uphagenhaus auch heute noch; es soll in Zukunft als Museum für das Interieur ehemaliger Danziger Bürgerwohnungen genutzt werden.

Auf der Straßenseite gegenüber sehen wir das interessante **Patrizierhaus Nr. 71** [7]; bei der Wiederherstellung wurden Fragmente der gotischen, der Renaissance- und der Rokokofassade freigelegt. Man hat sie belassen, wie man sie fand, damit der Bau- und Malstil der Zeit vom 15. bis ins 18. Jh. nachvollzogen werden kann.

An der Stelle der Patrizierhäuser Nr. 22 bis 25 baute man gegen Ende des 19. Jh. das große Gebäude der Post.

Das **Giebelhaus Nr. 28** [8] war Eigentum der bekannten und geachteten Danziger Patrizierfamilie Ferber. Der Bürgermeister Constantin Ferber ließ es im Jahre 1560 errichten; es erhielt eine schmuckvolle Fassade. Auf dem höheren Fries sehen wir die Wappenschilder Polens, Preußens und der Stadt Danzig. Auf dem niedrigeren sind Büsten antiker Helden aufgestellt. Auf dem Dach stehen vier Statuen, Werke S. Horno Popławskis und T. Godziszewskis.

Einst gelangte man durch eine aus Holz geschnitzte Tür in den hohen Flur. Mit dieser Tür hatte es eine besondere Bewandtnis: Einige Jahrzehnte lang stand das Haus leer, da angeblich in der Tür böse Mächte spukten. Erst als man die Tür ins Altstädtische Rathaus brachte, wo sie sich noch heute befindet, zogen in das Haus neue Mieter ein. Im Ferberhaus ist heute ein Postamt untergebracht.

Das **Haus Nr. 29** gehörte im 17. Jh. der Familie Czirenberg, später der Familie Freder. Die barocke Fassade von 1620 verzieren Medaillons von P. Ringering, rekonstruiert von A. Smolana, dargestellt sind die Köpfe römischer Kaiser. Der Beischlag dieses Hauses wurde zum Langen Markt Nr. 5–6 versetzt, ebenso wie das 1901 erbaute Portal am Langen Markt Nr. 45.

Am **Haus Nr. 29** [8] liest man die Inschrift: „*Alta cadunt vitiis,*

7. Die Langgasse/ul. Długa und das Rathaus der Rechtstadt

virtutibus infima surgunt" („Hohes kommt zu Fall durch Laster, der Niedrigste wird erhoben durch Tugend").

Das *Giebelhaus Nr. 30* [8] erbaute Daniel Haveradt 1617 nach dem Plan von Abraham v. d. Blocke. Wiederhergestellt von J. Stanisławski, zeigt es die Skulpturen Mars und Venus von Adam Smolana; die Figur am Dach stammt von M. Więckówna, die schöne Tür von B. Szymański und B. Kozłowski.

Das an architektonischen Details sehr reiche Haus *„Löwenschloß"* (Nr. 35) [9] errichtete Hans Kramer 1569 an der Stelle eines gotischen Gebäudes von B. Groß. Die bemerkenswerte, mit Pilastern geschmückte Fassade verzieren Skulpturen von F. Vroom. Der dreieckige Giebel mit einer Statue der Fortuna weist auf den folgenden Klassizismusstil hin. Im 17. Jh. war das Löwenschloß im Besitz der Familie Schwarzwald (Kunst- und Wissenschaftsmäzene). Hier traf sich allwöchentlich die Crème de la crème der Danziger Gesellschaft, man unterhielt sich.

Das *Giebelhaus Nr. 37* [10] ist durch eine manieristische Fassade verschönert, ein Werk von H. van Linth aus Antwerpen und K. Brun aus Brüssel (1563). Die Wiederherstellung dieser Fassade verdanken wir J. Kroman und W. Zaleski, sie benutzten erhalten gebliebene Bildhauerarbeiten und Relieffragmente. Auf dem zwischenstöckigen Fries sehen wir die allegorische Statue „Wissenschaft und Kunst". Auf dem niedrigen Fries von 1563 bewundern wir Figuren, die die Musik, die Architektur und die Geometrie darstellen.

Das *Giebelhaus Nr. 38* [10] aus der Renaissance ließ der Patrizier Nikolai v. d. Linde im Jahre 1567 bauen (im Hinterhaus original erhaltener Hausflur). Das Steinportal ist eine Kopie des Orginals von 1758.

Das in der 1. Hälfte des 17. Jh. erbaute *Haus Nr. 43* [11] war zunächst Eigentum des städtischen Sekretärs M. Borck. 1826 ging es in den Besitz des bekannten Historikers K. W. Lengnich über. Es wurde im Spätbarockstil wiederaufgebaut (Sgrafitto-Verzierung von B. Świderska, die Medaillons von H. Główczewska).

Das *Haus Nr. 45* [11] erbaute G. Pape in der 2. Hälfte des 14. Jh. 1415 ging es in den Besitz von W. Rosen über. Das gotische Gebäude wich 1560 auf Antrag des Danziger Ratsherrn H. Konert einem Renaissancehaus mit Giebel. Ab 1616 gehörte es E. König und anschließend der Familie Schuman. 1912 baute man den Hausflur als Café aus, wobei der Renaissancefries mit Skulpturen von Merkur, Neptun und Ceres in den Flur des alten Rathauses versetzt wurde. Am Giebel ist eine Zeus-Statue aufgestellt. In dem Gebäude hat seit 1953 der Verband für Landeskunde und Touristik PTTK seine Räume.

Gegenüber, an der anderen Seite der Straße (neben dem Rathaus), steht das *Patrizierhaus Nr. 47* [12]. Es ist das einzige im gotischen Stil wiederhergestellte Gebäude aus dem 15. Jh. An seiner Fassade fallen vier Nischen und das Mosaik (von M. Alkiewicz) angenehm auf.

Kraft und Stolz der alten Patrizierstadt charakterisiert das *Rathaus der Rechtstadt* [13], das eine Ecke der Nordseite der Langgasse/ul. Długa bildet. Ein paar Meter tief unter ihm ruhen die Überreste der Erdwallburg aus dem 10. bis 12. Jh. und einiger Stadthäuser aus dem 13. Jh. Das erste Rathausgebäude soll 1379/82 H. Ungeradin mit Zustimmung von W. von Kniprode erbaut haben (nach 32, S. 79). Sein Erdgeschoß ist Teil des heutigen Rathauses.

In der 2. Hälfte des 15. Jh. erhöhte man das Rathausgebäude um ein Stockwerk. Auf der Seite des Langen Marktes wurde die schöne Fassade mit Nischen und Ecktürmchen ergänzt. 1492 erhielt der Rathausturm seine heutige Höhe.

Nach dem Brand von 1556 wurde das gotische Gebäude im Renaissancestil umgestaltet. Zu den Meistern, die dies durchführten, gehörten Isaac v. d. Blocke, H. Vredemann de Vries, W. v. d. Meer, S. Hoerle und andere. Der gesamte Umbau wurde durch A. v. Obberghen geleitet. Dreimal änderte man das Hauptportal, zuletzt 1766/68.

Dirc Daniels schuf 1559/61 den sehr schönen Helm mit der doppelten Gloriette. Agatius Grabov und Hans Platner stellten auf ihre Spitze die lebensgroße, vergoldete Statue des polnischen Königs Sigismund August mit Krone und Harnisch. Dieses Wahrzeichen der Stadt ist aus kilometerweiter Entfernung zu sehen. Bemerkenswert sind einige Inschriften auf der von der Figur getragenen Wetterfahne: (Übersetzt: „Siehe den König! Er hält die dem Wind nachgebende Fahne, aber er selbst gibt auch dem sie bewegenden Wind nach. Zieh die Lehre daraus: Nicht alles vermögen die Hände, wenn man dem Schicksal nicht weise zu weichen versteht") (32, S. 77). Die Höhe des Turmes bis ganz oben zur Königskrone beträgt 81,5 m. Noch heute prangt an ihm das große Zifferblatt von 1561.

In der größeren Gloriette wurde 14 Glocken eines Carillon (Glokkenspiels) aufgestellt: H. Moor aus Brabant schuf dieses Werk. Durch Jahrhunderte erklang es zu jeder vollen Stunde vom Turm.

Die östliche Giebelseite bekam 1562 eine schöne Balustrade, auf der die Wappenschilder Polens, des Königlichen Preußens und der Stadt Danzig angebracht sind. Die seitlichen Ecktürmchen tragen ebenfalls Renaissanceglorietten.

Am Fuße eines Türmchens sehen wir eine Sonnenuhr; sie mahnt mit der Inschrift: *„Umbra sunt dies nostri"* („Schatten sind unsere Tage").

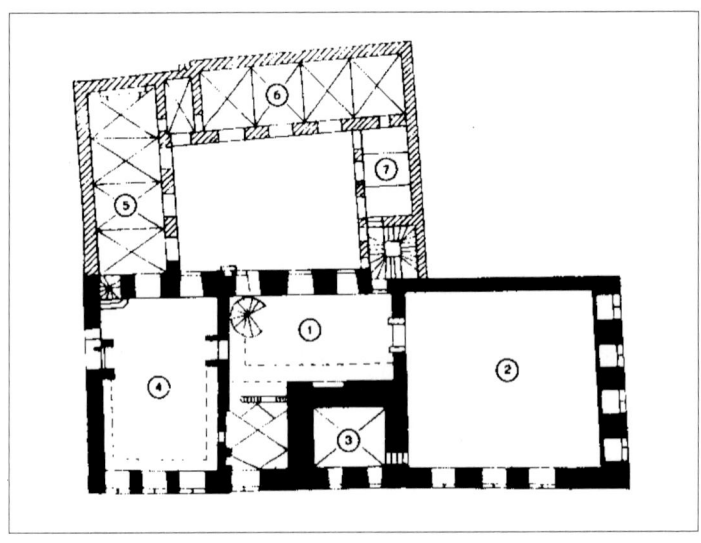

Abb. 8: Rathaus, Grundriß des ersten Stockwerkes: (1) Rathausvorhalle; (2) Weißer Saal; (3) Christoph-Saal; (4) Roter Saal; (5) Winter-Ratsstube; (6) Kleine Wettstube; (7) Saal zum Zodiak. Beschreibung (1) bis (7) im Text. (Quelle: 22, S. 58)

Die *Besichtigung des Rathauses* beginnen wir am Eingang zum *Rathaushof*, der durch drei Flügel aus dem 16. und 17. Jh. und dem Hauptgebäude gebildet wird. Das Eingangstor auf dem Hof besteht aus einem mächtigen Eichengitter.

Die Treppen sind in einer in Stein gehauenen Balustrade verborgen. An ihrem Fuße stehen vier Steinsockel, verziert durch zwei schmiedeeiserne Straßenlaternen.

Über die Treppe gelangen wir vor das mächtige spätbarocke *Portal* von 1766/68, ebenso wie die Verzierungen an der Treppe ein Werk von Daniel Eggert. In den oberen Teil des Portals setzte der Künstler das große Steinschild mit dem Danziger Wappen. Zwei Löwen, die merkwürdigerweise beide die Köpfe in Richtung des Langgasser Tores gerichtet haben, halten das Wappenschild, vielleicht warten sie auf Gäste …

Nach Durchschreiten der mit Kupfer beschlagenen Tür des Portals erreichen wir eine Treppe von 1645. Vom Treppenhaus führt rechts eine eisenbeschlagene Tür zur kleinen Stube (sog. Kleiner Christoph) im Innern des Turmes. Wir gehen jedoch die Treppe hinauf zur *Diele*/Sień Ratuszowa *(1)*, also in einen der drei Räume im ersten Stock.

In der Rathausvorhalle trafen sich Ratsherren und Schöffen während der Pausen. Der schönste Schmuck der Vorhalle ist eine 7,5 m hohe holzgeschnitzte, rekonstruierte Wendeltreppe. An der östlichen Wand rechts von der Eingangstreppe befindet sich ein Steinportal, angefertigt 1570 und hierher versetzt 1909 (aus der Brotbänkengasse/ul. Chlebnicka 11).

Es führt uns zum *Weißen Saal*/Sala Biała *(2)*, früher die „*Große Wettstube*" genannt. Darin wurden Gerichtsverhandlungen und Stadtverordnetenversammlungen abgehalten. Heute ziehen hier Musikveranstaltungen und Theaterstücke ihre Zuhörer an.

Über die Treppe an der Westseite des Weißen Saales erreichen wir den *Großen Christoph-Saal*/Wielki Krzysztof *(3)* mit einem feuerfesten Gewölbe, in dem seit alter Zeit die wichtigsten Dokumente der Stadt verwahrt werden. Von diesem Saal aus gehen wir zur Vorhalle zurück. An der Nordseite, nahe der Wendeltreppe, beeindruckt das prächtige, aus Eichenholz geschnitzte Barockportal (1680);

8. Der Rote Saal im Rathaus

es ist reich an Bildwerken, z. B. Putten, zwei Paaren Tritonen mit erhobenen Händen, als Säulen fungierend. Im Fries steht in goldenen Buchstaben die Inschrift: „*Pro lege, pro grege militemus*" („Streiten wir für Gesetz und Volk"). Oberhalb sehen wir das Danziger Wappen, gehalten von zwei Löwen, deren Köpfe zum Ausgang gerichtet sind, überragt vom polnischen Adler.

Wir verlassen die Vorhalle und gehen in den **Roten Saal**/Sala Czerwona *(4)*, der früher Sommer-Ratsstube genannt wurde. Die Wände dieses Saales sind bis zur halben Höhe mit dunkelrotem, blumigem Beschlag (Damast) bespannt (nach dem der Saal benannt wurde), gleich den auf den Estraden ringsum laufenden Bänken, unter denen sich Schränke befinden.

Ein einzigartiges Kunstwerk bildet das **Portal am Eingang** aus dem Jahre 1596, angefertigt von Simon Hoerle; es gilt als schönstes in

56

Danzig und eines der schönsten in Europa. In den oberen Teil dieses Portals stellte man das Danziger Wappen mit reichen Verzierungen. In Entzückung versetzen uns die Intarsienarbeiten der Bänke sowie die Friese, Gesimse und Türen.

Unsere Aufmerksamkeit fesselt auch der an der Westseite stehende *Kamin* aus der Renaissancezeit, angefertigt 1593 von dem Bildhauer Willem van der Meer. Dieser Kamin mit reichen Vergoldungen auf

9. Kamin aus der Renaissance im Roten Saal des Rathauses

dem Hintergrund gehört zu den Kunstwerken ersten Ranges. Im unteren Teil befinden sich zwei mächtige Halbfiguren, über deren Köpfen ein verzierter Fries mit den Inschriften *„Ignem gladio ne fodito"* („In das Feuer schlage nicht mit dem Schwert") und *„Ad rempl/ublicam ut ad igno"* („An eine Republik wie ans Feuer" (schließe dich an) läuft.

Oberhalb des Mittelteils des Frieses hängen sieben Bilder des Malers Hans Vredemann de Vries von 1595 mit sich entgegenstehenden Allegorien, welche durch lateinische Inschriften näher erläutert werden.

Das erste Bild über dem Portal weist in allegorischen Szenen auf die Gerechtigkeit und Ungerechtigkeit im Tun irdischer Gerichtshöfe hin. Das nächste Bild stellt ein „Consilium" (Beratungen, Ratsversammlung) dar. Die „Frömmigkeit" und den „Götzendienst" zeigt das dritte Bild, das vierte stellt die Eintracht der Zwietracht gegenüber. Freiheit und Sklaverei meint das folgende große Bild mit der Unterschrift *„Aurea libertas nullo mercabilis aere conveniens homini est conveniensque feris"* („Niemals kann sich ein Schatz dir, goldene Freiheit, vergleichen, die du dem Menschen so gut ziemst, wie der Tiere Geschlecht"). Daneben ist das Bild der Stabilität und der Instabilität. Das Bild „Das jüngste Gericht" schließt den Bilderzyklus ab.

Daneben stellte man einige von B. Schmidt geschaffene Bilder mit den Themen „Leichtsinn", „Verleumdung", „Sklaverei", „Frömmigkeit".

Von großer Pracht ist der **Plafond**. Er besteht aus 25 größeren und kleineren, teils runden, teils ovalen oder eckigen Bildern, die 1608/09 von Abraham v. d. Blocke gemalt wurden. Schnitzwerk und Vergoldung auf himmelblauem Grund stammen von dem Bildhauer Simon Hoerle. Um das mittlere Bild sind die kunstvoll gemalten und vergoldeten Wappen von Danzig, Polen, Westpreußen und Litauen gruppiert.

Das Oval in der Mitte wird von einem auf Säulen ruhenden Triumphbogen mit Darstellung der „Apotheose der Verbindung Danzigs mit Polen"/Apoteoza łączności Gdańska z Polską eingenommen, durch den sich der Blick auf eine Allee mit Fontänen öffnet. Auf dem

Bogen ist Danzig von der Westseite mit seinen Wällen dargestellt. Unter dem Wort ‚Jehova' erkennt man eine Hand, die aus den Wolken heraus die Spitze des Rathausturmes umfaßt. Daneben schwebt ein weißer (polnischer) Adler. Die Inschriften im Gesims des Triumphbogens lauten: *„Ista servat sub his alis"* („Dieser hält ihn unter diesen Flügeln") und *„His fulcris"* („Auf diesen Stützen"). Im unteren Teil des Bildes zeigte der Maler alltägliches Leben und die Arbeit der verschiedenen Schichten der Danziger Bevölkerung, auch die Teilnahme verschiedener auswärtiger Gäste – Adlige und Flößer – am Leben der Stadt.

Unter dem Triumphbogen sieht man im Bild den Artushof mit einem Springbrunnen, auf dem die Figur des Neptun steht. Vor dem Artushof stehen Kaufleute in Gruppen im Gespräch, z. T. Briefe lesend. Im Hintergrund fahren große und kleine Schiffe auf der Weichsel, deren Lauf von ihren Quellen über Krakau bis zu ihrer Mündung (bei Weichselmünde) in die Ostsee zu erkennen ist. Über den wolkigen Himmel spannt sich von der Stadt bis zum Meer ein Regenbogen mit der Aufschrift *„Coelesti iungimur arcu"* („Uns einigt der himmlische Bogen").

Um dieses große Mittelbild mit dem Wappen schließen sich ober- und unterhalb zwei kleinere ovale sowie rechts und links davon zwei runde Bilder an, jedes von vier Eckstücken umrahmt. Die Ecken der Decke nehmen vier große Architekturbilder mit Szenen aus der römischen Geschichte und der Heiligen Schrift ein. Sie enthalten ethische Hinweise und rufen uns zur Eintracht, Einigkeit, Gerechtigkeit auf und auch dazu, für die Stadt Gutes zu tun.

Von der alten Ausstattung des Roten Saales sind einige alte Bänke und der marmorgetäfelte Tisch des Bürgermeisters sowie neben dem Kamin einige Fußbodenplatten aus dem Erdgeschoß erhalten geblieben.

Von diesem herrlichen Saal führt die kleine, mit Intarsien verzierte Tür (angefertigt von S. Hoerle, ursprünglich stammt sie aus der Kämmerei und wurde nach dem Krieg hierher versetzt) zur **Kleinen oder Winter-Ratsstube**/Mała Sala Rady *(5)*. Sie ist von vier flachen, rekonstruierten Kreuzgewölben gedeckt. Die alte Innenausstattung besteht nur noch zu geringen Teilen. In den Schlußsteinen des

10. Das Renaissanceportal im Roten Saal des Rathauses

Gewölbes sehen wir die rekonstruierten Wappen Danzigs, Polens und Litauens. Das Wappen Königlich-Preußens ist im Original erhalten geblieben.

In diesem Gemach steht ein gewaltiger, aus alten Teilen rekonstruierter Kamin aus mehrfarbigem Marmor. Unten am Kamin ist die Inschrift „*Candide et sincere*" („Lauter und ehrlich") zu lesen. Über der Eingangstür zum Saal stehen die Zeilen „*Nec temere nec timide*" („Weder unbesonnen noch furchtsam").

Von der Winterstube gehen wir durch eine kleine Vorhalle zur **Kleinen Wettstube**/Mała Sala Ławy *(6)*, in der die Gerichtssitzungen stattfanden. Erhalten geblieben sind das Gewölbe und der Kamin aus dem 17. Jh. Dieser Raum befindet sich im nördlichen Seitenflügel des Rathauses. Der sich anschließende **Saal zum Zodiak**/Sala pod Zodiakiem *(7)*, das ehemalige Vorhaus, ist schon Teil des östlichen Seitenflügels. Der Name leitet sich von dem Bild mit dem Zodiakzeichen, gemalt von J. Żuławski, ab.

Über die Treppe gelangen wir in den 2. Stock. Diese Etage entstand durch Aufstockung nach dem Brand des Rathauses 1556. Seit dem

11. Gemälde „Der Zinsgroschen" von Anton Möller

Wiederaufbau nach 1945 werden hier zahlreiche wissenschaftliche und kulturelle (Malerei, Kunst) Ausstellungen ausgerichtet.

Am reichsten war einst die über dem Roten Saal gelegene *Kämmerei*/Kamlaria ausgestattet, sie barg die Stadtkasse. Hier können wir das Gemälde „Der Zinsgroschen" (1601) von Anton Möller bewundern. Es stellt Christus mit einem Pharisäer dar; im Hintergrund sehen wir den Langen Markt und die Langgasse mit dem Langgasser Tor und dem Stockturm.

Nach der Besichtigung der 2. Etage empfehlen wir die Besteigung des Rathausturmes; von der 48 m hohen Galerie kann man die Stadt Danzig/Gdańsk mit ihrer Umgebung sehr gut überblicken.

12. Langer Markt/Długi Targ mit Rathaus der Rechtstadt

13. Artushof am Langen Markt mit Neptunsbrunnen

Das wiederaufgebaute Rathaus der Rechtstadt ist Sitz des Historischen Museums der Stadt Danzig/Muzeum Historii Miasta Gdańska (Tel. 315426, 319722).

Die Sehenswürdigkeiten des Langen Marktes

Der Lange Markt/Długi Targ ist schon seit 700 Jahren Herzstück der Stadt. Er gehört zu den schönsten Plätzen Europas und hat trotz mancher moderner Erscheinungsformen seinen altertümlichen Glanz bewahrt. Hier wohnten die wohlhabendsten Bewohner Danzigs; jeder von ihnen hatte den Ehrgeiz, das schönste Giebelhaus zu bauen, wovon eine Inschrift auf einem der Häuser der Langgasse kündet: „*Pro invidia*" („Um zu beneiden").

14. Die Nordseite des Langen Marktes/Długi Targ in Danzig

Den Langen Markt sieht man bis heute oft als Hintergrund von Bildern; denken wir nur an Gemälde von A. Möller und I. v. d. Blocke.

Neben dem Rathaus steht der berühmte, in Europa einzigartige *Artushof*/Dwór Artusa **[14]** mit dem davor errichteten Neptunbrunnen/Fontanna Neptuna. Der Name Artushof erinnert an den keltischen König Artus (Artur), der sich mit den Rittern der Tafelrunde beriet (diese Ritter suchten den Heiligen Gral).

Aus architektonisch-künstlerischer Sicht ist die Fassade bemerkenswert. Mit den großen gotischen Fenstern stammt sie ursprünglich aus den Jahren 1476/81. Sie wurde 1552 aus Anlaß des Besuches des polnischen Königs Sigismund August im italienischen Renaissancestil umgestaltet. Ihr heutiges Aussehen gab ihr unter Einbeziehung

der gotischen Fenster 1616/18 Abraham v. d. Blocke. Die vier Bild-
säulen auf den Konsolen zwischen und neben den Fenstern stellen
Judas Makkabäus, Themistokles, Camillus und Scipio dar, im Me-
daillonbild links neben dem Portal ist der polnische König Sigismund III. Wasa, rechts sein Sohn, Władysław IV. abgebildet. Auf
der Attika sehen wir die Statuen „Gerechtigkeit" und „Kraft". Den
Dachgiebel schmückt eine Statue der Fortuna, die der Stadt Schutz
gewähren soll.

Im Innern ist der Artushof eine dreischiffige Prachthalle mit einer
Grundfläche von 450 m². Der riesige Versammlungs- und Vergnü-
gungsort der Kaufleute, „Junker" genannt, wurde Mitte des 15. Jh.
erbaut. Ihn überdeckt ein Stern-Palm-Gewölbe.

Im Artushof kann man meisterhaft gefertigte Modelle von Danziger

Schiffen betrachten; an den Wänden hängen zahlreiche Bilder, Gobelins und Hirschgeweihe. Einst stand hier auch ein 12 m hoher Kachelofen.

Der Artushof war nicht nur ein „Vergnügungslokal", er war vielmehr noch das Zentrum des gesellschaftlichen Lebens der Kaufleute und ein Anziehungspunkt für ausländische Gäste. Hier wurde die sog. „Artusbruderschaft" aus Patriziern und reichen Kaufleuten gegründet; Bankette fanden hier statt, von Vögten der einzelnen Fraktionen vorbereitet.

Im Artushof, so wird berichtet, konnte man im 17. Jh. zweimal wöchentlich zweistündige Konzerte hören, und zwar von einem Ensemble, das vom Stadtrat Mitte des 16. Jh. berufen worden war.

Mit dem Untergang des Handels verlor dies alles seine Bedeutung. 1742 wurde der Artushof zur Börse umfunktioniert. Später diente er als Museum, diese Aufgabe wird das Gebäude auch nach der Renovierung in Kürze erfüllen. Im Kellergeschoß steht Gästen der Stadt ein Restaurant zur Verfügung.

Vor dem Artushof befindet sich der *Neptunbrunnen*/Fontanna Neptuna [15], geschaffen 1613 von Abraham v. d. Blocke, dem die Stadt viele einzigartige Kunstwerke verdankt. Ein schmiedeeisernes Gitter von H. Rogge umgibt seit jeher den Brunnen. Die Statue des Meeresgottes stiftete der Niederländer P. Husen, gegossen hatte sie G. Beningsen. Der Brunnen besteht aus einem vielfach geschwungenen Sandsteinbassin aus der Zeit von 1757/61, ein Werk von H. L. Stender. Das Gitter rekonstruierte damals H. Baren. Auf dem Bassin ruht auf einem Sockel eine große Schale, von der aus Neptun seinen Dreizack auf ein Meeresungeheuer richtet, das sich zu seinen Füßen schlängelt.

Vor dem Zweiten Weltkrieg zerlegte man den Neptunbrunnen und brachte ihn in Sicherheit. Im Jahre 1954 konnte er seiner Bestimmung wieder übergeben werden. Dank der Aktion „Retten wir den Neptunbrunnen", durchgeführt von der Danziger Zeitung „Wieczór Wybrzeża", wurden inzwischen die Pumpen erneuert, so daß das Wasser wie früher sprudelt. Und der Meeresgott Neptun schaut wieder von oben auf die Vorübergehenden und die sich wechselseitig vor dem Brunnen fotografierenden Touristen.

15. Der Neptunbrunnen/Fontanna Neptuna

16. Giebelhäuser am Langen Markt

Nun richten wir unser Interesse auf die wichtigsten *Giebelhäuser des Langen Marktes*. Wir beginnen mit den *Häusern Nr. 1* bis *4* [16] auf der Südseite. Sie wurden von den polnischen Königen während ihrer Besuche in Danzig als Gasthäuser genutzt. Im barocken *Giebelhaus Nr. 17* [17] wohnte am 1. und 2. Juni 1807 Kaiser Napoleon. Das *Giebelhaus Nr. 18* gehörte dem Patrizier Kerschenstein. Nach dem Ersten Weltkrieg beherbergte es eine polnische Diskontbank, ab 1933 war das Haus Sitz des Polnischen Kulturzentrums und Leihbücherei.

Im *Giebelhaus Nr. 19* [18] war das „Hotel du Nord" untergebracht; ein neues Hotel errichtete man 1905, es brannte im letzten Krieg aus. Heute, nach dem Wiederaufbau, lädt hier das „Hotel Jantar" seine Gäste zum Verweilen ein. Die Pläne für die Fassade lieferte L. Kadłubowskis.

Das *Gebäude Nr. 20* [18] wurde zunächst im gotischen Stil erbaut und dann 1680 durch den Baumeister A. Schlüter den Jüngeren zu einem barocken Palast umgestaltet.

Den Langen Markt schließt von Osten das *Grüne Tor*/Zielona Brama [19] ab; H. Regnier aus Amsterdam und H. Kramer aus Dresden schufen es 1564/68.

Davor stand das gotische Koggen-Tor, benannt nach einer alten Art von Schiffen, den Koggen. Hinter dem Tor führt die Grüne Brücke über die Mottlau.

Den Namen „Grünes Tor" bekam das Gebäude in der zweiten Hälfte des 17. Jh. in Anlehnung an die Bezeichnung „Grüne Brücke". Es diente polnischen Königen als Herberge; hier wohnten Königin Maria Gonzaga, die Ehefrau Władysławs IV., sowie König Stanisław Leszczyński 1733 und 1734 (nach E. Rozenkranz).

Im Obergeschoß des Tores wurden Waffen gelagert. Viele Jahre hindurch veranstaltete man im großen Saal Konzerte und Kunstausstellungen. 1746 bis 1845 war hier der Sitz der Naturgesellschaft, anschließend erhielt das Provinzialmuseum dort seine Heimstätte.

17. Das Grüne Tor

Nach dem Wiederaufbau nach 1945 sind hier die Werkstätten der weltberühmten polnischen Restaurateure/Pracownia Konserwacji Zabytków, und seit 1992 hat der Verein der Baltischen Städte/ Związek Miast Bałtyckich hier seinen Sitz. Über dem Durchgang sehen wir vier Wappen.

Das *Giebelhaus Nr. 25* wurde im Barockstil erbaut. Die Arkadenbögen schmücken Skulpturen der Baumeister, Architekten, Bildhauer und Maler des königlichen Weges.

Das *Gebäude Nr. 39* [20] entstand in der Mitte des 16. Jh. durch H. Kramer. Ab 1658 war hier die königliche Post, in den Jahren 1825 bis 1945 die Stadtapotheke untergebracht.

An der Stelle des *Hauses Nr. 40* [20] stand früher ein gotisches Gebäude, Eigentum der Bürgermeisterfamilie Arnold Hecht, der im Deutschen Ordensritterschloß umgekommen war. Spätere Umbauten im Renaissancestil gaben ihm seine heutige Gestalt.

Das *Giebelhaus Nr. 41* [20] (ehemaliges Steffens'sches Haus) wurde wegen der goldenen Verzierungen der Fassade „Goldenes Patrizierhaus" genannt. Der Bürgermeister Hans Speimann beauftragte Abraham v. d. Blocke mit dem Bau dieses Hauses; die Skulpturenverzierungen an der Fassade sind das Werk des Bildhauers und Steinmetzes J. Voigt aus Rostock (1616/18). Dieser berichtete in einer Eingabe an den Rat, „daß er von dem seligen Hans Speimann nach Danzig berufen worden, um den Giebel von dessen Gebäude von unten bis oben mit Bildwerk zu versehen" (32, S. 75). Auf dem Gesims sehen wir die Köpfe berühmter Persönlichkeiten, unter anderem von Salomo, Regulus, Kaiser Otto. Im mittleren Fries erkennen wir ein Porträt des polnischen Königs Władysław Jagiełło, weiter unten ein Bildnis des Königs Sigismund III. Wasa. Auf der die Fassade krönenden, durchbrochenen Balustrade stehen die vergoldeten Skulpturen antiker Helden: Kleopatra, Edyp, Achilles und Antigone.

Der Legende nach sollte die prächtige Fassade ursprünglich die Rückwand zum Hof hinaus schmücken, nachdem jedoch die noch herrlichere Vorderfront des Hauses auf ihrem Seetransport von Italien nach Danzig untergegangen sein soll, griff man auf die andere Fassade zurück (nach 50, S. 55).

Das *Giebelhaus Nr. 43* [20] hat seine gotische Fassade aus dem 15. Jh. bewahrt. Das Spätrenaissanceportal stammt aus dem Jahr 1617, der barocke Giebel aus dem Jahr 1712. „Schöffenhaus" wurde das Gebäude genannt, nach den hier von 1713 bis 1806 abgehaltenen Schöffengerichten.

Im Erdgeschoß befand sich nach 1901 die „Danziger Diele"/Sień Gdańska mit der berühmten Kunstwerkeausstellung von L. Gieł-dziński.

Westlich des Artushofes erhebt sich das Alte Schöffenhaus, der Sitz des Schöffengerichts von 1549 bis 1713. Es wurde im Barockstil wiederaufgebaut. Die Bildhauerwerke der Beischläge stammen aus dem Haus an der Pfefferstadtstraße/ul. Korzenna Nr. 43 und sind das Werk des Steinmetzen J. H. Meissner (um 1750). Auf der Steinplatte sehen wir die Figuren von Minerwa, Chronos und Apollo.

Entlang der Mottlau mit dem alten Danziger Hafen

Grüne Brücke/Zielony Most – *Brotbänkentor*/Brama Chlebnicka – *Brotbänkengasse*/ul. Chlebnicka – *Frauentor*/Brama Mariacka – *Krantor*/Żuraw – *Bleihof*/Ołowianka – *Johannistor*/Brama Świę-tojańska – *Fischerbrücke*/Rybackie Pobrzeże – *Fischmarkt*/Targ Rybny – *Schwanturm*/Baszta Łabędź – *Altstädtischer Graben*/ Podwale Staromiejskie – *Dominikanerplatz*/Plac Dominikański.

Bevor wir den Weg antreten, halten wir einen Augenblick inne, um die Grüne Brücke über die Mottlau zu bewundern. Hier war früher der alte und betriebsame Danziger Hafen, in dem viel Lärm herrsch-te. Barken, Koggen und Karavellen liefen ihn an, um Salz, Heringe, Stoffe, Wein etc. zu liefern. Diese Waren wurden hier gegen Teer, Getreide und Holz eingetauscht.

Die Brücke verbindet den Langen Markt mit der Speicherinsel und mit der Niederstadt.

Heute dient die Lange Brücke/Długie Pobrzeże Einheimischen und Touristen als Spaziergebiet. Hier befinden sich zahlreiche Läden, Souvenirgeschäfte, Museen, Restaurants, Reisebüros.

Auf der gegenüberliegenden Seite des Flusses sehen wir einige

Abb. 9: Hafen an der Mottlau im 18. Jh.; Blick von der Kuhbrücke, links Grünes Tor, dahinter Krantor (Quelle: M. Deisch, 1765, nach der Zeichnung von F. A. Lohrmann)

wiederaufgebaute Fachwerkhäuser ehemaliger *Speicher*. Im 14. Jh. wurde eine künstliche Insel geschaffen, die spätere Speicherinsel/ Wyspa Spichrzów, auf der im 17. Jh. bis zu 315 Speicher mit einer Speicherkapazität von einer Viertelmillion Tonnen Getreide standen. Der Zweite Weltkrieg zerstörte 175 Speicher, einige wurden restauriert. In ihnen sind heute in der Mehrzahl Büros untergebracht. Von der Grünen Brücke führt die Milchkannengasse/ul. Stągniewna auf der Speicherinsel zum *Milchkannentor*/Brama Stągiewna. Einst Teil der Stadtbefestigungen, diente der Bau von 1517/19 vor allem der Sicherung der Speicher auf der Insel. Dem Aussehen nach erinnert das Tor an eine gewaltige Milchkanne. 1983 übernahm „Arpo", die Genossenschaft der Bildhauer/Spółdzielnia Artystów Plastyków, das Gebäude. Nach der Renovierung dient es u. a. als Ausstellungsraum.

Wir gehen wieder zurück zum prächtigen Grünen Tor, dessen Ost-seite sich uns nun darbietet. Weiter links erblicken wir das rekonstruierte *Kuhtor* [21]. Nahe neben der Brücke ist die *Anlegestelle für touristische Schiffsfahrten* (Grünes Tor, Długie Pobrzeże, Tel. 314926) zur Halbinsel Hela, zur Westerplatte, nach Zoppot und Gdingen.

Nachdem wir ein Stück nach Norden gegangen sind, stehen wir vor dem *Brotbänkentor*/Brama Chlebnicka. Dieses Bauwerk ist wohl schon vor 1457 entstanden, darauf läßt das Wappenschild von Danzig über dem Lichttor schließen: es zeigt zwei Kreuze; das neuere Wappen Danzigs, das der polnische König Kazimierz Jagiełło am 25. Mai 1457 der Stadt verlieh, hat außer den Kreuzen die königliche Krone. Auf der anderen Seite des Tores ist das heraldische Zeichen der Lilie angebracht; dieses deutet stets auf die Verbindung zu den pommerschen Herzögen hin.

Wir durchschreiten das Tor und erreichen die *Brotbänkengasse*/ul. Chlebnicka. Unser Ziel ist hier das Giebelhaus Nr. 16, genannt *Englisches Haus* [23]. Man rühmt es, weil es einst das höchste Gebäude in der Stadt war, ein „Wolkenkratzer" der Renaissance. Erbaut wurde es im Jahre 1570 von dem Baumeister H. Kramer im

18. Rechtstadt mit Speicherinsel/Wyspa Spichrzów
und Bleihof/Ołowianka

19. Der Hafen an der Mottlau/Motława, im Hintergrund Krantor und der Turm der St.-Johannes-Kirche

Auftrag von Dirck Lylge'a. Heute dient es als Studentenwohnheim.

Beachtenswert ist das benachbarte *Gebäude Nr. 15* [23] mit seiner frühbarocken Fassade. Eine gotische Fassade schmückt das *Giebelhaus Nr. 14* [23]. Die echte Fassade aus dem Jahr 1520 ist heute nur als Nachbildung zu bewundern. Der preußische König Friedrich Wilhelm III. interessierte sich nämlich für das Original und bat um dessen Versetzung nach Potsdam, die dann auch 1822 erfolgte. Das Haus gehörte ursprünglich der Familie Schlieff, später der Familie Lehmann.

20. Brotbänkengasse/ul. Chlebnicka, Jopengasse/ul. Piwna und ein Teil der Marienkirche/kościół NP Marii

21. Frauentor/Brama Mariacka und Giebelhäuser an der Langen Brücke

Wir kehren nun zur Mottlau zurück, wenden uns ein Stück nach Norden und stehen dann vor dem gotischen *Frauentor*/Brama Mariacka **[24]**. Es stammt aus der Zeit um 1485. Steinplatten an der Außenfassade und an der Fassade zur Stadt hin zeigen das Wappen von Danzig. An den Ecken des Frauentores befinden sich Wehrtürmchen mit Schießscharten. Das dem Tor benachbarte Gebäude wurde wahrscheinlich von A. v. Obberghen in den Jahren 1597/99 erbaut.

Die benachbarten Giebelhäuser beherbergen jetzt das *Archäologische Museum* **[24]** (Tel. 315031). Vor der Ostseite bewundern wir die frühmittelalterlichen Steinstatuen – Relikte der heidnischen Pruzzen. Durch das Frauentor gelangen wir zur originellen und berühmten Frauengasse, die weiter unten beschrieben wird (s. S. 96). Weiter gehen wir zum *Heilig-Geist-Tor* **[24a]**.

An der Mottlau nordwärts gelangen wir zum *Krantor*/Żuraw **[25]**. Es ist eines der bekanntesten Wahrzeichen Danzigs, übrigens das

22. Krantor und Giebelhäuser an der Langen Brücke

älteste und größte Stück der erhalten gebliebenen alten Danziger Hafenanlagen. In seinem heutigen Aussehen entstand es nach einer Feuersbrunst im Jahre 1444. Vermutlich stand hier früher ein aus Holz gebautes Krantor, von dem eine Erwähnung aus dem Jahre 1363 existiert.

Das Krantor besteht aus zwei massiven Halbrundtürmen, die durch eine Hebevorrichtung aus Holz miteinander verbunden sind. Diese nach Vorlagen aus dem 18. Jh. rekonstruierte Hebevorrichtung besteht aus zwei mächtigen Trommelrädern. Sie wurden einst durch Strafgefangene bewegt, welche auf Stufen treten mußten, die sich in den mit Seilen eingehüllten Trommelrädern befanden.

Ein mit dem unteren Trommelrad verbundenes Seil langte bis zur Hebevorrichtung auf die Höhe von elf Meter herab und trug bis zu vier Tonnen schwere Güter, z. B. Bierfässer und Baumaterialien. Das untere Trommelrad, ein Kellergeschoß sowie insgesamt vier Stockwerke entstanden im 15. Jh. Zu Beginn des 17. Jh. baute man den Auslegerblock sowie das zweite Trommelrad mit seinen 27 Meter hohen Kranbalken; es diente vor allem zum Aufstellen hoher Masten der in Danzig gebauten oder reparierten Schiffe.

Das Krantor war mit seinem bis zu vier Meter starken Erdgeschoß zugleich Wehrbau. In den zwei inneren Türmen befanden sich Schießscharten, die leichten und schweren Feuerwaffen angepaßt waren. Deren Aufstellung und Gebrauch ermöglichte den Beschuß des ganzen Hafenufers und, falls notwendig, der Mottlau und der Speicherinsel.

Als das Krantor im 17. Jh. seine Wehrfunktion verlor, ersetzte man die Schießscharten durch Fenster und baute die Räume dahinter zu

23. Museumsschiff „Sołdek", im Hintergrund die Türme der Johannes- und der Marienkirche

Wohnungen um. Später, im 19. Jh., als der Danziger Hafen im Flußbett der Weichsel ausgebaut wurde und als die Handelsschiffahrt mit Segelschiffen zurückging, verlor das Krantor weiter an Bedeutung. Aus diesem Grund wurden im Innern des Krantores Wohnungen, Läden und Gewerbebetriebe untergebracht.

Einst schmückte ein Kranich als Wetterfahne das Krantor. Seit 1962 befindet sich in den Räumen das *Zentralmaritimmuseum*/Centralne Muzeum Morskie (Tel. 316938). Zu diesem gehören auch das benachbarte Gebäude, das ehemalige Hauptkesselhaus der Stadt und drei Speicher auf der gegenüberliegenden Seite der Mottlau, auf der *Insel Bleihof*/Ołowianka [25]: „Oliva"/Spichrz Oliwski aus dem 15. Jh. (einst Eigentum des Zisterzienserklosters), „Jungfrau"/ Spichrz Panna aus dem 17. Jh. und „Kupfer"/Miedź aus dem 19. Jh. Etwas davon entfernt ist der vierstöckige *„Königliche Speicher"* [26] zu sehen, 1621 durch J. Strakowski erbaut. Vor den drei Speichern liegt das Museumsschiff „Sołdek" vor Anker. Zu „Oliva", „Jungfrau" und „Kupfer" auf der Insel Bleihof gelangen wir mit der Fähre, die zu diesem Zweck verkehrt.

Von Bleihof lohnt sich ein kleiner Abstecher zum *Haus zum Mohren*/Dom pod Murzynkiem [27], 1728 von K. Strzycki geschaffen.

Wir kehren zum Ufer der Mottlau zurück und gehen weiter nach Norden zum *Johannistor*/Brama Świętojańska [28]. Es stammt aus dem 15. Jh. und wird heute als Büroraum genutzt. Durch das Tor gehen wir in die *Johannisgasse*/ul. Świętojańska, eine der wichtigsten Straßen nördlich der Rechtstadt. Dieses Viertel wurde Neustadt genannt. Es entstand in der 2. Hälfte des 14. Jh. auf dem Gelände des Dominikanerordens.

Unweit vom Johannistor erhebt sich die *Johanneskirche*/kościół św. Jana [29]. Nach der Grundsteinlegung 1358 wurde sie in der 2. Hälfte des 15. Jh. als dreischiffige Hallenkirche mit Querschiff und Turm (mit geschmückten Wänden) gebaut. Im Zweiten Weltkrieg brannte sie fast völlig aus. Danach wiederaufgebaut, ist sie immer noch gefährdet, weil sie auf sumpfigem Gelände steht und allmählich einsinkt. Die erhalten gebliebenen Teile der Innenausstattung werden in der Marienkirche aufbewahrt.

Wir kehren zu unserer Route zurück und gelangen zum *Häkertor*/ Brama Straganiarska **[30]** aus dem 15. Jh., heute Wohnhaus. Über dem Eingang sehen wir die drei Wappen der Stadt Danzig, Polens und des Königlichen Preußens.

Am Tor vorbei kommen wir zur *Fischbrücke*/Pobrzeże Rybackie, die stets mit dem *Fischmarkt*/Targ Rybny verbunden war (heute werden hier keine Fischmärkte mehr abgehalten). Dieser Platz wurde schon 1378 als (lat.) ,*forum piscium*' urkundlich erwähnt und lag in direkter Nachbarschaft zum Schloß der Deutschen Ordensritter, die als erste das Recht hatten, Fische zu kaufen.

An der Nordseite schließt der *Schwan- oder Fischturm*/Baszta Łabędź **[31]** das Fischufer ab. Man nimmt an, daß hier schon im 13. Jh. eine kleine Insel mit dem Herzogwehrturm den Burgwall-hafen schützen sollte. Im 14. Jh., nach dem Austrocknen des Gelän-des, bauten deutsche Ordensritter einen Turm, der Bestandteil der Befestigungsanlagen des Komtursitzes war. 1454 wurde dieser Turm von Danziger Bürgern abgerissen. An seiner Stelle entstand im 16. Jh. der um ein Stockwerk höhere Schwanenturm. Er schützte als Teil der Befestigungsanlage die Stadt an der Nordseite vor dem Feind.

Wenn wir zurückdenken bis in das 10. Jh., erinnern wir uns an den Besuch des hl. Adalbert beim Herzog im Jahre 997, bevor er seine Mission, die heidnischen Pruzzen zu bekehren, begonnen hatte. An dieser Stelle entsinnen wir uns auch des Todes (1411) der drei Vertreter der Rechtstadt durch den Komtur Heinrich von Plauen. Von hier flohen auch 1454 die Deutschen Ordensritter vor den zuvor unterdrückten Danziger Bürgern. Erst im 17. und 18. Jh. errichtete man hier Häuser, die 1945 zum Teil Bränden zum Opfer fielen. Nach 1948 führte man an dieser Stelle archäologische Untersuchungen durch, die einigen Aufschluß über das Leben der Menschen in der Zeit von 980 bis 1454 gaben.

Nicht weit von hier sehen wir das 1969 angefertigte Denkmal „*Den Verteidigern Danzigs*", ein Werk von W. Pietrow und W. Samp.

Indem wir unseren Weg fortsetzen, kommen wir zu dem an der Mottlau gelegenen Sträßchen Am Brausenden Wasser/ul. Wartka. Gleich an der benachbarten Burgstraße/ul. Grodzka entdeckte man nach dem Zweiten Weltkrieg die Grundmauer eines Turmes des Deutschen Ordensritterschlosses, und zwar an der Stelle des Burgschlosses der pommerschen Herzöge. Nach Beendigung der Forschungsarbeiten wurden die Mauerreste wieder zugeschüttet.

Wir kehren wieder zum Brausenden Wasser/ul. Wartka zurück. Vorbei an ein paar Giebelhäusern gelangen wir zu den Überresten der *Mauer mit dem Turm* [32], die im 19. Jh. zum Wohnhaus umgestaltet wurde. Die Mauer mit der Bastei gehörte zum Sitz des Deutschen Ordenskomturs. Die wiederaufgebauten Fragmente der Mauer werden leider nach und nach durch Umweltverschmutzungen der großen Industriebetriebe (u. a. Schwefeldioxid, Phosphoroxide) geschädigt.

Weiter gehen wir die Burgstraße/ul. Grodzka entlang und erreichen den Zufluß des Radaunenkanals in den Fluß Mottlau. *Das dreieckige Gelände* [33] (zwischen Mottlau und dem Abschluß des Radaunenkanals und im Westen von Rähmstraße/ul. Sukiennicza und Knöppelgasse/Na Dylach begrenzt) gehört zu den ältesten bewohnten Siedlungsgebieten Danzigs; es war in der 2. Hälfte des 10. Jh. für den Bau des Burgwalls der pommerschen Herzöge bestimmt. Später war hier der Sitz des Komturs des Deutschen Ritterordens; er wurde 1454 abgerissen. Während der Ausgrabungen in den Jahren 1948 bis 1962 entdeckte man hier einen Holz-Erde-Wall mit einem Platz darin und von ihm wegführenden Straßen, außerdem zahlreiche Gegenstände des täglichen Gebrauchs sowie Relikte einer romanischen Kirche und einen Friedhof. Hier stand die frühmittelalterliche Burg mit der Vorburg. 997 kam St. Adalbert vermutlich hierher zu Besuch.

Auf dem Gelände des ehemaligen Komturschlosses sind bis heute einige Sehenswürdigkeiten erhalten geblieben. An der Burgstraße/ul. Grodzka *Nr. 12* sehen wir ein barockes *Giebelhaus* [34], heute Sitz der Danziger Wissenschaftlichen Gesellschaft. Im benachbarten Gebäude Nr. 13 aus dem 18. Jh. ist die archäologische Abteilung untergebracht.

Im Haus Nr. 16 „*Zum Hirsch*"/Pod Jeleniem [35] verrichtet die Denkmalschutzpflegeabteilung der Stadt ihre Arbeit.

In der Nähe, am Platz pl. Obrońców Poczty Polskiej, befindet sich

24. Die Polnische Post

das Gebäude der Polnischen Post, davor das Denkmal der gefallenen Verteidiger der Post.

Weiter gehen wir zum Altstädtischen Graben/Podwale Staromiejskie. Auf der linken Seite sehen wir die **Überreste der gotischen Mauern [36]** der Rechtstadt/Główne Miasto. An der Einmündung der Straße Am Haustor/ul. U. Furty (wo früher ein mittelalterliches Schloßtor war) befand sich ehedem ein **Hospitalhaus [37]** aus dem 17. Jh.; es wurde wiederaufgebaut und enthält heute Wohnungen. Die **Kirche „Zum Hl. Geist"**/kościół św. Ducha [38] aus dem 14. Jh. wurde für schulische Zwecke wiederhergestellt.

Wir begeben uns nun zum Dominikanerplatz/Plac Dominikański mit der **Markthalle [39]** und dem sog. **„Kieck en de Kök"** (heute „Jacek") **[40]**, dem nordwestlichen Eckturm der Stadtbefestigung.

Der Kieck en de Kök hat seinen Namen von einem 1897 abgerissenen benachbarten Turm, von dem aus die Danziger den Dominikanern des nahen Klosters in die Küche sehen konnten. Der Turm „Jacek" stammt aus dem Jahre 1410.

Der Dominikanerplatz war schon seit dem Mittelalter Marktplatz;

82

die Markthalle von 1896 nimmt eine Fläche von 4714 m^2 ein. An ihrer Stelle stand einst das 1813 bei der Belagerung durch das russische Heer zerstörte Dominikanerkloster.

Noch ein Stück Weges, und wir sind am Holzmarkt/Targ Drzewny. Hier endet der zweite Ausflug durch die Stadt. Vom Holzmarkt ist es durch die Töpfergasse/ul. Garncarska und die St.-Elisabeth-Kirchen-Gasse nicht mehr weit zum Hauptbahnhof/Dworzec Główny.

Zeughaus und Marienkirche

Kohlenmarkt/Targ Węglowy – *Alte Apotheke* – *Strohturm*/Baszta Słomiana – *Zeughaus*/Zbrojownia – *Marienkirche*/kościół Najświętszej Panny Marii – *Frauengasse*/ul. Mariacka – *Holzmarkt*/ Targ Drzewny.

Diese Route beginnen wir am Kohlenmarkt/Targ Węglowy. An der Nordseite dieses Platzes sehen wir das Gebäude des *Theaters „Wybrzeże"* [41], erbaut 1965 nach Plänen von L. Kadłubowski und D. Olędzki. Es hat einen Rauminhalt von 36000 m^3, bietet 710 Personen Platz und verfügt über eine Drehbühne (Büros und Garderobe sind im benachbarten Gebäude untergebracht). Diese Schaubühne steht an der Stelle des klassizistischen, 1801 durch den Stadtbaumeister Karl Samuel Held im privaten Auftrag einiger Danziger Bürger gebauten Theaters, welches 1945 ausbrannte.

Im Gäßchen, dem Theater gegenüber, steht ein *barockes Giebelhaus* [42]. Hier befand sich die Werkstatt, in der Geschützkugeln (scherzhaft „Pillen" genannt) hergestellt wurden. Das Gebäude bekam darum von den Danzigern den Namen „*Alte Apotheke*". Gemeißelte Feuerschlünde an den Portalen künden davon, was für eine Art von „Pillen" hier hergestellt wurden.

Weiter gehen wir, am Zeughaus vorbei, zum *Strohturm*/Baszta Słomiana [5]. Diesen baute man um die Mitte des 14. Jh., in seinem Kellergeschoß lagerte Schießpulver; die Mauern an seinem Fundament erreichen eine Stärke bis zu vier Metern. Eine überwölbte Hauslaube verbindet den Strohturm mit dem oberen Stockwerk des Zeughauses. In der Nähe ist ein in die Mauer eingelassener Granit-

25. (von links nach rechts) Kohlenmarkt/Targ Węglowy, Theater „Wybrze-że", St.-Katharinen-Kirche/kościół św. Katarzyny, Zeughaus/Zbrojownia und Strohturm/Baszta Słomiana

block mit zwei eingemeißelten Tannenberger Schwertern/Grun-waldzkie Miecze zu sehen. Darunter entdecken wir eine Platte, in die zehn Urnen mit Erde von Kampfplätzen bei Danzig und von Marty-rien der polnischen Bevölkerung eingelassen sind.

Hinter der Mauer erblicken wir die Fassaden der wiederaufgebauten Giebelhäuser an der Kleinen Wollwebergasse/ul. Wełniarskiej und, sich an das Zeughaus anschließend, das Gebäude der Akademie für Bildende Künste (erbaut 1969). Einige Räume des Zeughauses nutzt diese Hochschule zu Unterrichtszwecken.

Jetzt gehen wir in die Jopengasse zur östlichen Fassade des **Zeug-hauses**/Zbrojownia [43]; durch ein reich mit Bildhauerwerken ver-ziertes Tor betreten wir sein Inneres. Dieses gewölbte Gebäude ist nach einem rechteckigen Plan (40 x 50 m auf dem Fundament) aus-geführt; das Gewölbe des Erdgeschosses wird von 15 Granitpfeilern getragen. Es ist wie das obere Stockwerk in vier Schiffe geteilt, eines davon ist nicht überwölbt.

Im breiten Kellergewölbe waren ehedem Geschützkugeln aufbewahrt, in den oberen Stockwerken Waffen und Pistolen. Die Geschosse wurden vom Kellergeschoß durch einen Aufzug, der sich in einem geschmückten Brunnen an der Ostseite des Zeughauses befand, nach oben gezogen. Vom Strohturm wurde das Waffenpulver durch eine gewölbte Hauslaube transportiert.

Das im renaissance-manieristischen Stil 1605/09 erbaute Zeughaus ist das Werk des Baumeisters Anthony van Obberghen; die Arbeiten leitete Jan Strakowski. Reiche Bildhauerwerke aus Sandstein verdanken wir dem Stein- und Bildhauermeister A. v. d. Blocke und W. v. d. Meer aus Gandawa in Belgien (Provinz Flandern).

Prächtig ist die mächtige, reich geschmückte, zur Jopengasse gewandte Ostfassade des Zeughauses. Die Frontseite verzieren zwei achteckige Türme. Zwischen ihnen überdecken zwei Giebel zwei von vier Dächern des Zeughauses. Zwei reich geschmückte Wappenportale an der Fassade gewähren Einlaß. Zwischen den Portalen hat ein tempelartiger Brunnen seinen Platz; er diente dem Transport der Geschosse (s. o.).

In der Mitte der Fassade sehen wir oberhalb des Brunnenhäuschens die Verkörperung der Göttin der Kunst, der Wissenschaft und des Krieges, ***Pallas Athene.*** Weiter bewundern wir die Medaillons mit Köpfen der Söhne des Mars und Figuren von Soldaten, zerrissenen Granaten, verschiedener Bekleidung sowie Kartuschen, Flaggen, Zapfen und Kugeln.

Die Pracht der Fassade wird noch durch die Vergoldung der Steinbildhauerfiguren gesteigert. Im Jahre 1945 war fast das gesamte Innere des Zeughauses ausgebrannt, das Gewölbe und das Dach brachen damals ein. Glücklicherweise blieben die Ost- und Westfassade mit nahezu der gesamten Verzierung erhalten. Das Projekt des Wiederaufbaues bearbeitete J. Chrzanowicz.

Die Jopengasse/ul. Piwna, in die wir nun zurückkehren, ist durch schöne Fassaden der Giebelhäuser gekennzeichnet. Im Osten wird sie durch die Marienkirche abgeschlossen, deren mächtiger Turm, deren Strebepfeiler und hohe gotische Fenster mit Maßwerk sie besonders erhaben wirken lassen.

Die Jopengasse war einst eine Siedlung der Brauereieigentümer, die

„Jopen Bier" produzierten. Diese Gasse gehört zu den schönsten der Stadt Danzig. Erwähnenswert sind einige Giebelhäuser. Das *Haus Nr. 1* ist seit Jahren Sitz zahlreicher Gewerbe (Dom Rzemiosla) **[44]**. Es wurde 1640 im Barockstil durch A. Schlüter den Älteren gebaut; hier können wir einen alten Beischlag von 1750 bewundern.

Im Giebelhaus Nr. 8 stellte die berühmte Druckerei Rode-Rhete ihre Erzeugnisse her. Im Haus Nr. 25 wohnte der Danziger Graphiker J. C. Schultz; bekannt waren vor allem seine Panoramabilder der Danziger Stadt. Seinen Namen trägt heute der Turm an der Hundegasse/ul. Ogarna. An der Stelle der Häuser Nr. 10 und 11 hatte der grausame Gauleiter Forster seine Residenz.

In Höhe der Marienkirche geht die Jopengasse in die Brotbänkengasse/ul. Chlebnicka über, an deren Beginn ein einsames ehemaliges Friedhofstor steht. Seine Verzierungen stammen aus der Frührenaissance (1551), der Bildhauer meißelte seine Anfangsbuchstaben – W. C. – ein.

Auf der anderen Straßenseite sehen wir die gotische, rückwärtige Fassade des Artushofes. Vor dieser Fassade erhebt sich ein Wirtschaftsgebäude (1991), das zum Restaurant im Keller des Artushofes gehört. Außerdem sehen wir etwas weiter das schon erwähnte Schlieffsche Haus und das Englische Haus.

Jetzt kehren wir zur *St.-Marien-Kirche*/kościół Najświętszej Panny Marii zurück. Sie gehört zu den größten und mächtigsten Sakralbauten (wie der Petersdom in Rom, der Kölner Dom und die Kathedrale Notre Dame in Paris) der Welt. Ihre Grundfläche beträgt ca. 5 000 m^2, der Rauminhalt etwa 155 000 m^3. Das Gotteshaus ist über 105 m lang, die Breite im Querschiff beträgt 66 m, der Turm erreicht die Höhe von 78 m.

Die schönste Kirche der Rechtstadt steht an den Gassen, die zu ihren mächtigen Portalen führen. St. Maria ist einer der größten Ziegelkirchenbauten der Welt und von einfacher, roher Gestalt. Zu ihren Füßen liegen alte Giebelhäuser aus der Renaissance und aus dem Barock.

Die Kirche war immer der Stolz der Danziger Bürger und erfreute sich großen Interesses bei den Touristen. Man nimmt an, daß sich an der Stelle, wo sie heute steht, schon vor der Zeit der Rechtstadt eine der Jungfrau Maria geweihte Kapelle befand, die, von Herzog

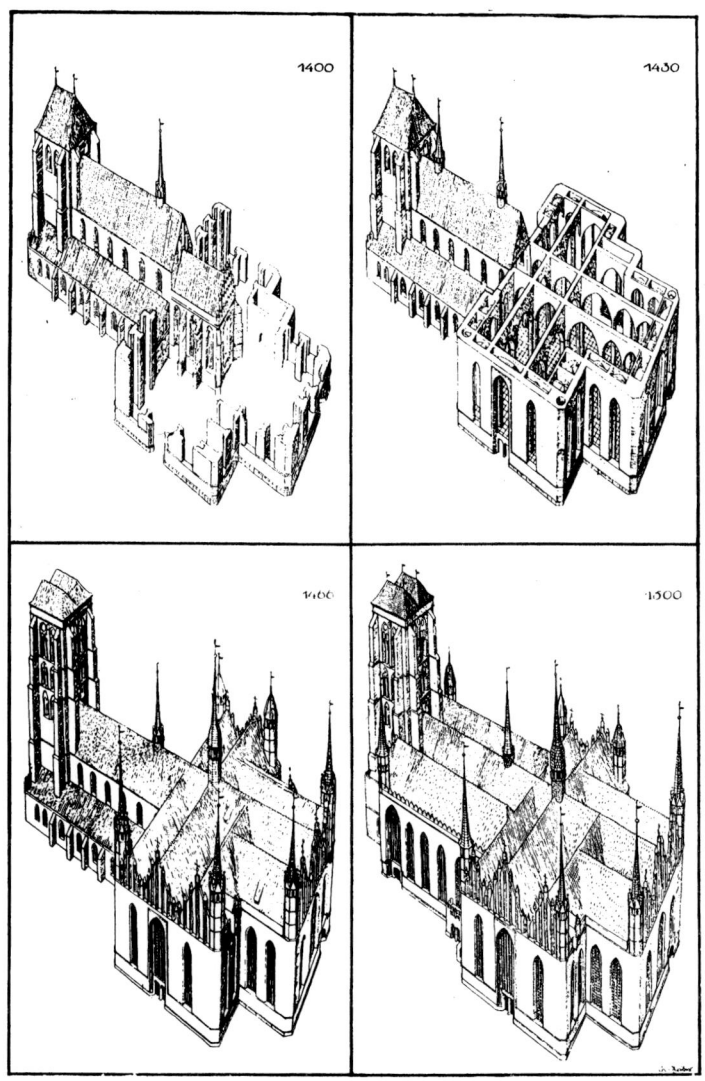

Abb. 10: Der Bau der Marienkirche in seinen verschiedenen Etappen
(Quelle: E. Keyser)

Swantopolk im Jahre 1243 gestiftet, vermutlich im Jahre 1308 einem Brand zum Opfer fiel. Den Grundstein der ersten gemauerten Kirche legte man am 25. März 1343. Schon 1377 war die dreischiffige Basilika mit dem zweistöckigen Turm vorerst vollendet; man baute jedoch weiter. Von 1380 bis 1447 errichtete man das Querschiff und das Presbyterium als Hallenbau, der Turm in seiner heutigen Höhe entstand 1466. In der letzten Etappe des Kirchenbaues 1484 fügte man den westlichen Korpus in heutiger Gestalt und Höhe an.

Am 28. Juli 1502 wurden die letzten neuen Gewölbe über dem Hochaltar fertig und der letzte Schlußstein eingefügt. Damit fand der 159 Jahre dauernde Bau der Kirche seinen Abschluß. Unter den vielen bekannten Baumeistern seien Hans Ungeradin, Hans Brand und Heinrich Hetzel erwähnt.

Das *Innere* der Kirche können wir durch insgesamt sieben gotische Portale betreten. Durch 37 hohe, gotische Fenster erhellt das Tageslicht das Innere der Kirche. Die prächtigen Stern-, Netz- und Kristallgewölbe auf 28 bis 30 m Höhe werden durch 27 geschmückte Säulen getragen. Das Gotteshaus besitzt 31 Kapellen. Beim Erweiterungsbau sind die Strebepfeiler in das Innere hineingezogen worden, so daß in den Räumen zwischen diesen die Kapellen errichtet werden konnten. Reiche Patrizierfamilien stifteten Altäre. Die Patrone der Kirche und ihre Familien hatten wie die Prälaten unter den Kapellen ihre Begräbnisstätten.

Der Zweite Weltkrieg hat die Marienkirche nicht verschont. Dächer und zahlreiche Türmchen waren zusammengebrochen, ebenso ca. 40 % der Gewölbe. In der Glut des Brandes schmolzen die Glocken, u. a. die größte, *Gratia Dei*, 5300 kg, gegossen 1543. Ca. 60 % der Kunstwerke wurden zum Glück schon vor dem Krieg ausgelagert, die schönsten sind noch nicht zurückgekommen. Einige von ihnen befinden sich im Nationalmuseum in Warschau; Ein berühmtes Kunstwerk ersten Ranges, das Gemälde „Das Jüngste Gericht" von Hans Memling aus dem 15. Jh., ist im Danziger Nationalmuseum ausgestellt.

Stark beschädigt wurden auch die Grabplatten im Fußboden, ausgebrannt war das Innere des Turmes. Der Wiederaufbau erfolgte schon ab 1946. Zunächst wurde der Bau auf einer Gesamtfläche von 1 ha

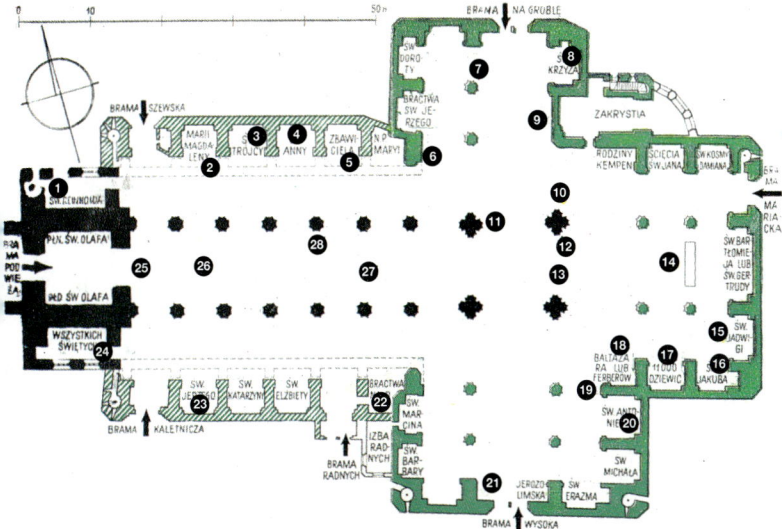

Abb. 11: Entwurf der Marienkirche. Schwarz = ursprüngliche Kirche, gebaut vor 1379, die gestrichelte Linie stellt eine heute nicht mehr vorhandene Mauer dar; Grün = westlicher, bis 1447 gebauter Teil; mit Schrägstrichen versehene Flächen = Seitenschiffe von 1484/98 der Hallenkirche. Zu den mit (1) bis (28) bezeichneten Punkten siehe Text. (Quelle: F. Mamuszka, R. Massalski, J. Stankiewicz: Gdańsk – Kościół N. P. Marii; 1958).

überdacht. Am 17. November 1955 konnte die Kirche konsekriert und den katholischen Gläubigen übergeben werden. Die Marienkirche war bis 1577 katholische und danach evangelische Oberpfarrkirche. Auffallend ist sie in der äußeren Gestalt wegen ihrer Größe und im Innern wegen ihrer Leere.

Bei der Besichtigung der Kirche wollen wir schwerpunktmäßig vorgehen:

Im Nordschiff:

(1) In der an der nördlichen Seite des Turmes liegenden Reinholds-kapelle bewundern wir die Pietà von ca. 1410. *Reinhold soll sich zur Zeit Karls des Großen durch Tapferkeit ausgezeichnet haben. Eine Bruderschaft des Junkerhofes hatte ihn sich zum Schutzpatron erko-*

89

26. Marienkirche/kościół N.P. Marii

ren und ihre Verbindung nach ihm benannt (32, S. 43). In der Kapelle befindet sich auch eine Kopie des Gemäldes „Das Jüngste Gericht" von H. Memling aus dem 19. Jh.

(**2**) In der Maria-Magdalena-Kapelle an der Ostseite sehen wir ein Epitaphium in der Form eines Altars von Michal Loytz von 1561.

(**3**) In der Dreifaltigkeitskapelle steht der gotische St.-Martin-Altar aus dem 15. Jh.

(**4**) Die St.-Anna-Kapelle enthält die schöne Madonna von ca. 1420.

(**5**) In der Erlöserkapelle befindet sich ein gotisches Triptychon von ca. 1480.

Im Querschiff der Nordseite bewundern wir:

(**6**) die gotische Malerei mit Landschaftsmotiven (ca. 1400), darunter das Gemälde mit dem symbolischen Stadtbild von ca. 1500.

27. Marienkirche/kościół N.P. Marii und Rathausturm

Oben sehen wir die gotische Skulptur „Georg tötet den Drachen",
ca. 1400.

(7) das Grabmal von Simon und Judyt Bahr, ein Werk Willem van
den Blockes (1620).

(8) in der Heilig-Kreuz-Kapelle den St.-Adrian-Altar von ca. 1520
und die Predella aus der 2. Hälfte des 15. Jh.

(9) die astronomische Uhr an der Sakristeiwand; sie ist in den Jahren
1464/70 von Hans Düringer aus Thorn angefertigt worden. „*Nach
einer Sage wurden dem Künstler die Augen ausgestochen, um ihn
an ähnlichen Arbeiten für andere Städte zu hindern; er soll sich
dafür gerächt haben, indem er das Räderwerk zerstörte; an anderer
Stelle wird jedoch erzählt, daß es noch 1560 im Gange gewesen ist*"
(32, S. 43). Die Uhr ist 14 m hoch und zeigt den Lauf von Sonne,
Mond und Sternen. Sie dient als Kalender und läßt beim Schlagen

zunächst die zwölf Apostel und den Tod, danach die vier Evangelisten hervortreten. Nach dem Krieg wurde die Uhr zerstört; sie wird nun unter der Leitung von Prof. Dr. A. Januszajtis rekonstruiert.

„Das merkwürdigste wissenschaftliche Instrument auf Danziger Boden ist jetzt das älteste erhaltene Werk seiner Art ..." (nach 13)
Neben dem gotischen Portal zur Sakristei **(10)** sehen wir ein Fragment der gotischen Inschrift der lateinischen Gründungsurkunde.
Der Sakristei gegenüber sind auf der Stütze drei beachtenswerte Epitaphien zu erkennen: von J. Botsacca (1674), von Z. Kleweld (1624) und von D. und A. Czirenberg (1616).

Eine große Tabelle **(11)** zeigt in den Medaillons sieben Barmherzigkeitstäter und im oberen Teil die Darstellung des Jüngsten Gerichts. Das Hochbild ist 189 cm breit und 290 cm hoch. In der Mitte fesselt eine Frauenfigur, die Verkörperung der Barmherzigkeit, und unten die Verkörperung des Glaubens den Betrachter.

Am Rand des *Presbyteriums* **(12)** steht am Pfeiler ein Meisterstück der mittelalterlichen Holzschnitzkunst, ein 8,3 m hohes Sakramentarium von 1482, angefertigt von einem hiesigen Künstler. 1986 wurde es erneut restauriert und erhielt dadurch sein originales Aussehen, die graue Farbe von 1806 wurde entfernt. Es dient weiter liturgischen Zwecken.

Beachtenswert ist auch die *Kreuzigungsgruppe* **(13)**, die in der Öffnung des Presbyteriums von einem Balken getragen wird. Die Figuren wurden 1517 vom Meister Paulus angefertigt, gestiftet von Lukasz Keting. Die Christusfigur ist 4,50 m hoch, die der Gottesmutter 3,50 m und die des hl. Johannes 3,60 m. Die Gruppe steht hier seit ihrer Instandsetzung 1961.

In der Mitte des Presbyteriums erhebt sich der monumentale Hochaltar **(14)**, in dessen Hintergrund das sagenhaft farbige Glasfenster mit einer Fläche von 127 m² leuchtet; es wurde in Krakau angefertigt und hier 1980 eingesetzt; abgebildet ist die Krönung Marias, nach einem Plan von W. Ostrzołek aus Kattowitz.

Der fünfflügelige spätgotische Hochaltar (3,90 x 4,89 m) von 1511/17 stammt aus der Werkstatt von Michael aus Augsburg. Auf dem Flügelaltar sind Szenen aus der Bibel dargestellt. Einige Skulpturen gingen verloren, als der Hochaltar während des Krieges nach

Kadyn bei Elbing ausgelagert war. Den Hochaltar verzieren zahlreiche vergoldete Ornamente, Maßwerke und Figuren der Heiligen; unter ihnen sind Gottvater, die Gottesmutter und Gottes Sohn hervorgehoben.

Hinten am Fuße des Hochaltars befindet sich ein Steinrelief von 1539 mit der Szene auf dem Ölberg.

Im Südschiff des Presbyteriums:

Im Südosten schließt die ***St.-Hedwig-Kapelle* (15)** das Südschiff ab. Vor dieser Kapelle ruhen die sterblichen Überreste der durch den Komtur H. von Plauen ermordeten Bürgermeister. Die Steinplatte ist, wie die Sage erzählt, durch einen Blitzschlag gespalten worden. Die nur mehr schlecht leserliche Inschrift lautet: *„Hier ruhen die ehrenwerten Männer Konrad Letzkau und Arnold Hecht, Bürgermeister der Stadt Danzig, welche am Montage nach dem Palmsonntage im Jahre 1411 verschieden sind. Bete für Sie."* In der St.-Hedwig-Kapelle steht der Altar der hl. Hedwig von ca. 1435.

Die benachbarte ***Kapelle des hl. Jakobus*** birgt den St.-Jakobus-Altar **(16)** von 1435. Die sehr wertvollen Wandmalereien, freigelegt nach 1980, stellen u. a. den Schutzheiligen dieser Kapelle, Christus im Heiligenschein und seine Martyrien, dar.

In der ***Kapelle der Elftausend Jungfrauen* (17)** befindet sich ein kunstvoll geschnitztes ***Kruzifix*** mit den Skulpturen der Jungfrau Maria und des hl. Johannes (ca. 1430). Bezüglich des Kruzifixes erzählt die Sage, daß der Künstler, der es schuf, einen schönen Jüngling, den Bräutigam seiner Tochter, in seiner Werkstätte ans Kreuz genagelt habe, um ein lebensnahes Vorbild für sein Werk zu gewinnen. Diese Kapelle hat der reiche Bürgermeister Gert v. d. Beke zur Beisetzung seiner verstorbenen Frau gestiftet. Vom Künstler stammt vermutlich auch die schöne Danziger Madonna.

An der Kreuzung des Südschiffes mit dem Querschiff befindet sich die ***Balthasarkapelle* (18)**, die der berühmten, mächtigen Patrizierfamilie Ferber ab der Mitte des 15. Jh. gehörte. Sie enthält u. a. die Gruft Constantin Ferbers, gestorben 1646. Die ursprüngliche Ausstattung dieser Kapelle wurde im Zweiten Weltkrieg z. T. ausgelagert, einige Werke kamen im Auftrag des Direktors des National-

museums nach Warschau in Verwahr. Zur Zeit streiten die Marienkirche und das Nationalmuseum um die Rückgabe dieser Stücke.

Im Querschiff – die Südseite:
Auf der Zwischenkapellenmauer steht das schönste und wertvollste
Epitaph (19), ein Meisterstück von Willem van den Blocke (1591),
das als Relief die Auferstehung der Toten nach dem Jüngsten Gericht
zum Motiv hat. Das in manieristischem Stil angefertigte Werk zeich-
net sich durch reiche, kunstvolle Verzierungen in Form von Säulen,
Blumen und Figürchen und ebenso durch reiches Schnitzwerk aus.
In der daneben liegenden Antoniuskapelle befindet sich das *Epitaph
der Familie Conert* (20) von 1556 mit der Darstellung der Auferstehung Christi. Neben dem Hohen Tor der Marienkirche ist in den
Fußboden der einfache *Grabstein des hiesigen Pfarrers J. Zator-
Przytocki* (21) eingelassen.

Südliches Seitenschiff des westlichen Teiles der Kirche:
Außer von den zahlreichen Epitaphien wird unsere Aufmerksamkeit
vor allem von der *Priesterkapelle* (einst Jungfrau-Marien-Bruder-
schaft-Kapelle) (22), die 1965 zu Ehren der 2779 im Zweiten Welt-
krieg ermordeten polnischen Priester entstand, angezogen. Über die
Orte ihrer Ermordung gibt eine Bronzetafel Auskunft.
Hier sehen wir auch die *Skulptur des Bekümmerten Christus*, ein
Werk von J. Stefanowicz-Schmidt. Die polnische Bevölkerung be-
trachtet die Kapelle als nationale Gedächtnisstätte.
In der letzten, der St.-Georgs-Kapelle, steht eine große *Skulptur* (23)
des Bildhauermeisters Paulus von ca. 1530, darstellend den *Salvator
Mundi*. Die beiden Figuren der Jungfrau Maria und des hl. Johannes
aus der St.-Johannes-Kirche haben neben dem Kunstwerk ihren
Platz.
An der Südseite des Turmes entstand schon in der 2. Hälfte des
14. Jh. die *Allerheiligenkapelle* (24). Schon 1458 wurde sie als
Bibliothek genutzt. Große, auf Pergament geschriebene Meßbücher
mit gemalten Initialen wurden hier aufbewahrt und außerdem eine
merkwürdige Besonderheit: ein Christus in Teigdruck. Der ganze
Bestand dieser Kirchenbibliothek wurde im Jahre 1912 der Stadtbi-

bliothek Danzig übergeben. Die 1945 geplünderte Kapelle ließ der polnische Seemann A. Bohomolec (er überquerte auf der Jacht „Dal" den ganzen Atlantik) als Seemannskapelle ausstatten; auf seinen Antrag hin bekamen die Danziger Bildhauer S. Konieczny und J. Karczewska dazu den Auftrag. Beim Eingang zu dieser Kapelle sehen wir ein barockes Portal aus der Mitte des 17. Jh.

Im Hauptschiff:

Es enthält die aus der St.-Johannes-Kirche hierher verbrachte, in der Werkstatt der Orgelfirma der Brüder Hillebrand aus Hannover angefertigte *Orgel (25)* mit ihrem überreichen Schnitzwerk (Die ursprüngliche Orgel schuf 1629 M. Friesen in Danzig.). Das große Verdienst der Aufstellung in dieser Kirche kommt dem Arzt Dr. Otto Kulcke zu, einem gebürtigen Danziger, jetzt wohnhaft in Frankfurt am Main. Ihre Einweihung erfolgte im August 1985 durch den Danziger Bischof Dr. T. Gocłowski in Anwesenheit des deutschen und polnischen Komitees zur Rekonstruierung der Orgel. Die ursprüngliche Orgel der Marienkirche wurde 1945 durch Brand völlig zerstört.

In der Westseite des Mittelschiffes sind nur der achteckige Sockel des *Taufbeckens* (26) aus dem 16. Jh. mit acht kleinen Figuren und ein Teil des Gitters erhalten geblieben; das Taufbecken selbst ist nach dem Krieg verschwunden; es war ein herrliches Werk aus Messing, 1554 aus Holland eingeführt, gegossen von A. Heinrichsson und H. Wyllemsson. Kronprinz Friedrich bewunderte es bei seinem Besuch mit seiner Gemahlin in der Marienkirche. Das heutige Taufbecken stammt aus der St.-Johannes-Kirche (1682).

Unter den zahlreichen Kronleuchtern des Mittelschiffes nimmt besonders der *Korbkronleuchter* (27) von 1490 unsere Aufmerksamkeit gefangen; sein Schöpfer war Meister Andreas (siehe Inschrift am Leuchter); die Statue der Jungfrau Maria mit dem Kind auf der Hand, die einst darauf stand, ist verlorengegangen.

An einem der östlichen Pfeiler sehen wir die 1985 hier aufgestellte *Kanzel (28)* von 1617 aus der St.-Johannes-Kirche. Die ursprüngliche Kanzel der Marienkirche, ein Werk des berühmten Danziger Bildhauers J. H. Meissner, wurde im Zweiten Weltkrieg zerstört.

Im Turm hängen zwei Glocken von 1973, gegossen von den Brüdern Felczyński aus Przemyśl; eine hat den Namen „*Gratia Dei*" (7850 kg Gewicht), die andere heißt „*Ave Maria*" (2600 kg).
Wir verlassen nunmehr die Marienkirche.

In der Nachbarschaft der St.-Marien-Kirche
Nachdem wir aus der Marienkirche herausgetreten sind, wenden wir uns zunächst entlang der Nordseite der Kirchenwand in die Richtung der Frauengasse/ul. Mariacka. Auf der linken Seite haben wir das **Pfarrhaus** [46], an dessen Stelle im Mittelalter ein Friedhof war; aufgelassen wurde er 1518 vom damaligen Pfarrer Mauritius Ferber. Der spätere Bischof von Ermland baute hier dann das Pfarrhaus, von dem nur eine Wand mit Portal von 1714 im Original erhalten geblieben ist. Im Portal sehen wir das Wappen der Familie Ferber mit drei Wildschweinköpfen.

Jetzt erreichen wir die Frauengasse/ul. Mariacka. Nach Austrocknung der Sümpfe, die es einst hier gab, in der 1. Hälfte des 14. Jh., wurde sie 1359 erstmals urkundlich erwähnt. 1945 waren die Häuser der Gasse stark durch Brände zerstört, sie wurden erst in den sechziger Jahren nach alten ikonographischen Überlieferungen wiederaufgebaut. Hier entfaltet sich das Bild mit den Giebelhäusern aus dem 17. und 18. Jh. wieder neu; vor allem die Beischläge, also die Terrassen vor den Haupteingängen, wo man sich früher ausruhte und im Sommer die Gäste empfing, wecken unsere Bewunderung. Heute ist hier nicht mehr so viel Betrieb wie ehedem, Anziehungspunkte sind allerdings noch die Läden und Künstlerateliers in den Kellergeschossen. Nur Touristen beleben heute noch die Straße.

Vor dem Eingang eines hohen Giebelhauses sehen wir einen Sandsteinpfosten und Granitkugeln. Die hohen Beischläge bildeten wesentliche Bestandteile der alten Häuser, verengten die Straßen, verschönerten sie aber zugleich mit ihren kunstvoll gearbeiteten Balustraden, den steinernen Rinnen auf den Trennmauern mit ihren Löwen- und Drachenköpfen, aus denen sich das Regenwasser in weitem Bogen in die unten vorbeilaufenden Rinnsteine und Drummen ergoß. Steinstufen und kunstvoll geschmiedete Treppengeländer ruhen auf Löwen, Adlern oder anderen Tiergestalten aus Stein

28. Frauengasse/ul. Mariacka, im Hintergrund die Marienkirche

oder auf riesigen Granitkugeln. In Töpfen auf den Steinbalustraden wachsen Blumen.

Sehr interessant stellt sich die Fassade des *Giebelhauses Nr. 1* [47] dar; es ist eine Kopie der Front des ursprünglichen Gebäudes von 1451. An der Balustrade vor dem Eingang sehen wir zwei spätgotische Steinplatten, auf denen die Szene der Ausgießung des Heiligen Geistes und die Madonna eingemeißelt sind. Das Flachrelief ist eine Rekonstruktion nach dem Stich von M. Kilarski, ausgeführt hat sie A. Smolana.

Wir kehren jetzt wieder zum Pfarrhaus zurück und wenden uns von dort aus zur Heilig-Geist-Gasse/ul. św. Ducha.

Sobald wir nach links abgebogen sind, stehen wir vor der Barockfassade eines Kirchleins, genannt *Königliche Kapelle* [48]. Ihre Entstehung ist mit den Namen der Stifter verbunden, des Primas von Polen, A. Olszowski, und des polnischen Königs Jan III. Sobieski, Sieger in der Schlacht bei Wien 1683 gegen die Türken. Den Entwurf bearbeitete der königliche Baumeister Tylman van Gameren, der Danziger Meister Bartel Ranisch realisierte ihn 1681. Beachtenswert ist die Verzierung der Fassade durch Portale, die Balustrade, die Gesimse und die breiten Pilaster. Die Fassade ist von oben mit der Balustrade verbunden, flankiert beiderseits durch die mit kleinen Kuppeln geschmückten Laternen. In der Mitte oberhalb der Fassade scheint eine große Kuppel in Form einer achteckigen Trommel zu schweben. Diese Verzierung ist ein Werk des bekannten Steinmetzen A. Schlüter der Jüngere, u. a. auch Schöpfer des Zeughauses in Berlin.

Die ursprüngliche Kirche wurde durch Einbeziehung zweier benachbarter Giebelhäuser vergrößert. Das Mittelportal bildet ein Einfahrtstor zum Pfarrhaushof. Das Innere des Kirchleins ist äußerst bescheiden. Die Wandmalereien schufen die Danziger Maler F. Meyerheim und A. Renné im 19. Jh.

Im Haus in der Heilig-Geist-Gasse/ul. św. Ducha Nr. 81 (heute Nr. 114) wurde am 22. Februar 1788 *Arthur Schopenhauer* geboren, eine Gedenktafel erinnert an dieses Ereignis. Er war ein berühmter Philosoph, seine Eltern stammten aus Holland.

In dieser Straße Nr. 53 wohnte 1726 auch der bekannte Graphiker,

Maler und Zeichner polnischer Abstammung, *Daniel Chodowiecki*. Gehen wir weiter die Heilig-Geist-Gasse nach Westen, erreichen wir die *gotische Mauer* aus dem 14./15. Jh. [**36**], links und rechts von uns. Vorbei am *Theater „Wybrzeże"* [**41**] gelangen wir anschließend zum *Holzmarkt*; im 15. Jh. wurde auf ihm Holz gehandelt (*„holtcz ... sal man kouffen vor der stat"*). Hier standen einst das Holztor und das Brandenburger Tor. Im Jahre 1904 stiftete die Stadt Danzig für diesen Platz ein Denkmal „Den gefallenen Soldaten der Stadt Danzig und der Umgebung", ein Werk von H. Behrens aus Breslau. Heute erhebt sich hier ein *Denkmal des Königs Jan III. Sobieski* [**49**], angefertigt durch T. Boracz 1897 für die Stadt Lemberg. Es wurde in Danzig 1965 enthüllt.

1945 waren am Holzmarkt mehrere Häuser zerstört. 1952 baute man dort ein *Zeitungshaus*/Dom Prasy [**50**].

Von hier aus ist es nicht mehr weit zum Hauptbahnhof, erreichbar durch die Töpfergasse/ul. Garncarska.

Altstadt – Dominikanerkloster und rund um die St.-Katharinen-Kirche

St.-Nicolai-Kirche/kościół św. Mikołaja – *St.-Katharinen-Kirche*/ kościół św. Katarzyny – *St.-Brigidien-Kirche*/kościół św. Brygidy – *Städtische Bibliothek*/Biblioteka PAN – *Große Mühle*/Wielki Młyn – *St.-Elisabeth-Kirche*/kościół św. Elżbiety – *St.-Joseph-Kirche (Karmelitenkirche)*/kościół św. Józefa – *St.-Elisabeth-Bastion*/Bastion św. Elżbiety.

Vom Denkmal Jans III. Sobieski am Holzmarkt gehen wir nach Osten zur Breitgasse/ul. Szeroka. Früher schützte das Breitgassetor mit dem Langen Vortor, beendet mit der Bastei, den Anfang dieser Straße; sie wurden im 19. Jh. abgerissen. An dieser Stelle steht jetzt der rekonstruierte *Hohe Turm* [**51**], der mit der Mauer aus dem 14./15. Jh. verbunden ist. Nach links geht von der Breitgasse das schmale Gäßchen Mauergang/Podmurze zum *Turm des Breitgassentores*, das ebenfalls mit der gotischen Mauer (14./15. Jh.) verbunden ist, ab. Ein Stück weiter ist an der Junkergasse/ul. Pańska ein Fragment des schon erwähnten alten Handelsweges *via mercatorum* zu sehen.

Durch die Junkergasse erreichen wir die **Dominikanerkirche St. Nikolai**/kościół dominikański **[52]**. Sie gehört zu den Stiftungen des pommerschen Herzogs Swantopolk/Świętopełk II. Er rief 1227 den Dominikanerorden mit dem heiligen Jacek an der Spitze herbei. Die Ende des 12. Jh. gestiftete Kirche wurde dem heiligen Nikolaus, Schutzpatron der Fischer und Schiffer, geweiht und bis zum Ende des 15. Jh. zu der heutigen Größe erweitert. Daneben sehen wir den Sitz des Konvents.

Das nördlich vorgelagerte Dominikanerkloster wurde zweimal im 16. Jh. zerstört und beraubt. Während der französischen Okkupation war in ihm ein Militärlazarett eingerichtet, das erst geräumt wurde, als es 1813 in Flammen aufging.

1945 kam ein Konvent aus Lemberg/Lwów und übernahm die Erbschaft der Dominikaner. Dank des Ordens werden seit 1260 bei der Kirche die Dominikanermärkte abgehalten, heute unabhängig vom Kloster. Dem Kloster entstammte der Mönch Pankratius Klemme, der in der Danziger Reformationsbewegung 1536 eine herausragende Rolle spielte.

Der Westteil der dreischiffigen Dominikanerkirche St. Nikolai ist 37 m lang. Das Sterngewölbe ruht auf zehn Pfeilern. Das Presbyterium ist nochmals 25 m lang.

Im südlichen Seitenschiff befindet sich unter dem Turm eine kleine Kapelle. Das Nordschiff geht zum Presbyterium hin in die St.-Jacek-Kapelle über.

Das Innere des Gotteshauses enthält Schnitzwerke, Malereien und Portale aus dem Rokoko und dem Barock. Vor allem fällt der Hauptaltar (1647) auf, der sich über die ganze obere Ostseite des Presbyteriums erstreckt; er ist in vier Etagen gegliedert, im Mittelpunkt befindet sich ein Bild des hl. Nikolai (1647) am Fuße Christi und der Gottesmutter, verziert durch reiches Schnitzwerk. Aus der Barockzeit (1. Hälfte des 18. Jh.) stammen die Kanzel und der Orgelprospekt (1755). Ein prächtiges Schnitzwerk ist das barocke Taufbekken (1732) im Südschiff.

An den Seiten des Presbyteriums stehen Stallen (Chorgestühl) mit geschnitzten Verzierungen auf den Rückenlehnen des Chorgestühls aus der Zeit des Rokoko. Hier sehen wir Szenen aus dem Leben Christi, verziert mit Girlanden und Ornamenten (*Rocaille*). Das Kruzifix in einem Regenbogen ist ein Werk des Meisters Paulus. Beachtenswert ist das **Bild der Madonn**a im Altar links vom Eingang zum Presbyterium; es wird angenommen, daß es aus dem 14. Jh. stammt und später von Lemberg nach Danzig transportiert wurde.

Mit dem Bild ist eine Legende verbunden. Es sollte dem Kaiser von Byzanz im 10. Jh. als kaiserliche Aussteuer nach Kiew und später nach Lemberg gebracht werden. Dem Bild wurden wundertätige Kräfte nachgesagt. 1751 erhielt es eine Krone.

Der schöne Kronleuchter mit der Figur der Maria ist das Werk von G. Bennick (1617). Diese Kirche ist mit zahlreichen Epitaphien und Skulpturen ausgestattet. An der Nordseite hängt ein weiteres Madonnenbild aus der 2. Hälfte des 15. Jh.

Nach der Besichtigung des Sakralbaus biegen wir rechts in die Junkergasse ein, vorbei am regen Treiben des Marktplatzes, und gelangen zum achteckigen und 36 m hohen **Hyazinthturm**/Baszta Jacek [**40**], erbaut wurde er ca. 1400 als Wehrturm.

Von der Junkergasse schneiden wir den Vorstädtischen Graben/ Podwale Staromiejskie und erreichen die Kleine Mühlengasse/ul. Podmłyńska.

Rechts gehen wir an dem barocken **Giebelhaus Nr. 10** [**53**] aus der Mitte des 17. Jh. und an einem Fachwerkhaus vorbei. Gleich daneben, an der Katharinenkirche/ul. Katarzynki, erhebt sich die Renaissance-Dreifachfassade des **Predigerhauses**/Dom Kaznodziejów [**54**], erbaut durch A. van Obberghen in den Jahren 1599 bis 1602 für evangelische Geistliche.

Gegenüber steht die Hauptkirche der Alten Stadt, die **St.-Katharinen-Kirche**/kościół św. Katarzyny [**55**]. Sie hat ihren Platz an der Kreuzung des mittelalterlichen (13. Jh.) Handelsweges (*via mercatorum*) mit der Hauptstraße der damaligen Handwerkersiedlung (Altstadt), die zur herzoglichen Burg führte. 1986 wurden bei Ausgrabungen unter Teilen der heutigen Kirche die Spuren eines Friedhofes aus dem 10./11. Jh. entdeckt; daraus folgerte man, daß hier eine kleine, ältere Holzkirche gestanden hat.

Die St.-Katharinen-Kirche ist die älteste aller Kirchen Danzigs; sie wurde auch *matrona loci* – Siedlungsmutter und „*Kirche der Bürger*" – genannt. Ihr Bau soll nach 1227 begonnen worden sein, nachdem der Dominikanerorden die St.-Nikolai-Kirche zugesprochen bekommen hatte.

Es wird angenommen, daß Herzog Sambor I. sie 1185 gegründet hat. Urkundlich wird sie zum ersten Mal nach 1243 genannt. In dieser Kirche war der Leichnam des Herzogs Swantopolk vor seiner Überführung nach Oliva aufgebahrt.

1285 war der Pfarrer von St. Katharina zugleich Kanzler des Herzogs. 1379 begann man mit dem Bau des heutigen Gotteshauses, die Einweihung erfolgte zu Pfingsten 1432. Der Bau des Turmes, der Kapellen und des Presbyteriums dauerte bis zum Beginn des 16. Jh. Die dreischiffige St.-Katharinen-Hallenkirche ist in ihrem Westteil in fünf Joche unter einem Dach geteilt. Drei Dächer schließen das dreischiffige Presbyterium nach oben ab. Der Turm wurde bis 1486 erhöht; die 1905 durch Blitzschlag zerstörte Turmspitze mit den vier kleinen Seitentürmen ist erst 1634 hinzugefügt worden. Die letzte Instandsetzung erfolgte in den Jahren 1975/79. Durch ihre Höhe von 76 m bildet die Katharinenkirche eine Dominante im Bild der Altstadt.

St. Katharina war über Jahrhunderte berühmt wegen ihres Glockenspieles (*carillon*), die letzte der Glocken von 1908 befindet sich in der Marienkirche in Lübeck. Die Katharinenkirche ging nach 1945 in den Besitz des Karmeliterordens über.

1989 wurde das Presbyterium wiederaufgebaut, seitdem läutet vom Turm wieder ein neues Glockenspiel; die neue Glocke konnte dank der Bemühungen von Hans Eggebrecht aus Hamburg und dank der Spenden aus Polen und Deutschland gegossen werden.

Nach 1945 legte man Fragmente gotischer Wandmalereien aus dem 15. Jh. frei; u. a. ist an der Südkapelle unter dem Turm die Szene der Hinrichtung des Krakauer Bischofs dargestellt. Beachtenswert ist auch das Bild der Muttergottes Bolszowiecka, hierhergebracht nach 1945 aus Bolszowiec. Die reliefverzierte, barocke Kanzel stammt aus der 1. Hälfte des 17. Jh.; an ihr erkennen wir die Gestalten Christi und seiner Mutter sowie St. Johannes' (Anfang des 16. Jh.).

Besonders interessant ist ein gotischer Altar von 1515, der Bilder von der Krönung Mariens, von Anna selbdritt und St. Erasmus zeigt. Die „Krönung Mariens" verziert ein Spitzenornament.

Hauptstück des *Hochaltars* ist das Gemälde „Die Kreuzigung" (1611 vom Danziger Maler Anton Möller); dieser Künstler schuf auch das Werk „Das letzte Abendmahl".

Dicht dabei fand A. Zbierski, ein Danziger Archäologe, an einem Pfeiler eine Grabplatte; darunter liegen die Gebeine des berühmten Danziger Astronomen J. Hevelius; ein Epitaphium (1779) schmückt das Grab. J. Hevelius ist der Autor u. a. des Werkes „Machina coelestis"; den zweiten Band widmete er dem König Jan III. Sobieski.

Im Nordschiff des Presbyteriums unter der einstigen Orgelempore befindet sich ein großes Gemälde (3 x 10,95 m) mit dem Titel „Der Einzug Christi in Jerusalem" von Bartel Milwitz (1655).

Zum Schluß des Rundganges lohnt sich die Besichtigung des achteckigen, eichenen Renaissancegitters um das Taufbecken im Südschiff; es ist ein Werk des Schnitzmeisters M. Gletger (1585). Das Gitter verzieren zahlreiche Intarsien und Schnitzwerke in Form kleiner Säulen und Pilaster mit Wappen. Eine Vielzahl weiterer Kunstwerke ist verschwunden.

Gleich hinter der St.-Katharinen-Kirche reckt sich eine weitere gotische Kirche, *St. Brigidien*/św. Brygidy **[56]**, empor. Ihr Bau wurde am Ende des 14. Jh. begonnen; zahlreiche Brände führten dazu, daß die Bauarbeiten bis in das 17. Jh. hinein dauerten.

Neben dieser Kirche befand sich die *Maria-Magdalena-Kapelle*, bei der die Ordensschwestern der „Magdalenen-Sünderinnen" gewohnt haben. In der Kapelle wurde im Jahre 1374 der aus Rom überführte Leichnam der schwedischen Aristokratin Brigidien aufgebahrt. Nach ihrer Seligsprechung gründete man hier den St.-Brigitten-Konvent.

1396 wurde ein Hospital zum Brigidienkloster umgebaut und anschließend die schon erwähnte St.-Brigidien-Kirche integriert.

P. Willer verzierte 1673 den Renaissanceturm mit einem barocken Helm. Nach der Säkularisierung des Klosters wurde die Kirche im 19. Jh. weiter als Garnisonkirche genutzt. Ihr letzter Wiederaufbau erfolgte in den siebziger Jahren nach Plänen von K. Macur.

Die Ausstattung ist zeitgenössisch. St. Brigitten übte seit 1970, dank des Mutes und des Einsatzes des Priesters H. Jankowski, die Rolle des religiösen Zentrums u. a. der Danziger Bewegung „Solidarność" aus. Beim Eingang zur Kirche sehen wir eine Statue Papst Johannes Pauls II. Zum Gedenken an den durch die Kommunisten ermordeten Pfarrer Jerzy Popieluszko sowie an den ehemaligen Marschall Józef Piłsudski stellte man auch deren Statuen auf. Zwei Gedenktafeln halten die Erinnerung an die unvergessene Lemberger Jugend/Orląt Lwowskich und die polnischen Opfer des Offiziersvernichtungslagers in Katyń wach.

Jetzt verlassen wir die Kirche St. Brigitten und gehen weiter links in die kleine Gasse, vorbei an *rekonstruierten schönen Häusern* aus dem 18. Jh. [57], um dann die Brücke über die Radaune/Radunia zu erreichen. Von hier aus laufen wir weiter geradeaus den Schlüsseldamm/ul. Łagiewniki entlang. Unterwegs kommen wir am „Hotel Hevelius" vorbei, dann stehen wir vor der gotischen *Kirche St. Bartholomäus*/kościół św. Bartłomieja [58] aus dem Jahr 1482, der Turm ist von 1601. Die letzte Instandsetzung dauerte von 1945 bis in die achtziger Jahre; das Gotteshaus gehört jetzt den Jesuiten.

Auf der gegenüberliegenden Straßenseite steht die *Kirche St. Jakobs*/kościół św. Jakuba [59]. Zunächst war sie als kleine Hospitalkirche für Seefahrer konzipiert; nach der Zerstörung des ursprünglichen Gotteshauses durch die Hussiten wurde es 1433 ausgebaut. 1882 setzte man auf den erhöhten Turm den barocken Helm des St.-Jakobs-Tores. Bis 1905 war in dieser Kirche die Stadtbibliothek untergebracht. Nach dem Krieg wurde sie wiederaufgebaut und vom Kapuzinerorden übernommen.

Unweit davon sehen wir links das Gebäude der *Musikakademie* [60] und gegenüber an der Wallgasse/ul. Wałowa die neogotische ehemalige *Stadtbibliothek* (heute Gdańska Biblioteka Polskiej Akademii Nauk) [61]; sie ist im Besitz seltener Handschriften und Kunstdrucke, Graphiksammlungen, Karten, Münzen usw. Diese

Bibliothek hatte ihren Ursprung im Gymnasium Academicum, das nach der Aufhebung des Franziskanerklosters in der Fleischergasse in diesen Räumen entstand. Die besondere Bibliothek wurde 1580 gegründet und durch die Sammlung des Marquis d'Oria, der sie dem Rat der Stadt gegen eine jährliche Rente überließ, erweitert.

Wir gehen weiter, und zwar den Schüsseldamm/ul. Łagiewniki entlang, der uns zur Werftgasse/ul. Doki. führt. An dieser Straße erhebt sich das monumentale *Werftarbeiter-Denkmal*, enthüllt am 16. Dezember 1980 anläßlich des zehnten Jahrestages der Ermordung streikender Arbeiter auf Befehl des kommunistischen Ersten Sekretärs der Polnischen Vereinigten Arbeiterpartei/PZPR, W. Gomułka.

Das Denkmal hat die Form dreier großer Kreuze, die mit Ankern verbunden sind; es erinnert an die Opfer der polnischen Bevölkerung unter der Herrschaft der kommunistischen „Knechte" Stalins. Hier begannen die Kämpfe der Arbeiterbewegung „Solidarność" zur Wiedererlangung der Freiheit. Dieses Freiheitsbestreben griff nach und nach über die polnische Grenze zu den Nachbarn im Süden und Westen hinaus; so wurde die rücksichtslose und willkürliche Herrschaft des Lenin- und Stalinschen Regimes bekämpft.

Jetzt kehren wir zum Hotel „Hevelius" zurück, gehen an ihm vorbei und biegen dann in die Pferdetränke/ul. Wodopój (entlang am Radaunen-Kanal) ein. Hier sehen wir einige aus dem *18. Jh. stammende Gebäude* [57] für arme Leute. Gleich daneben befindet sich das Wirtschaftsgebäude der *Großen Mühle* [63] von ca. 1400, heute Sitz eines Vereins für Angler. Gegenüber zeigt sich das Technikhaus/Dom Technika von 1974.

Auf unserem Weg erreichen wir jetzt die Große Mühlengasse/ul. Wielkie Młyny; hier fällt die *Große Mühle* [64], die vom Deutschritterorden erbaut wurde, auf. In Betrieb war sie von 1350 bis 1945; in den letzten Jahren ihrer Tätigkeit wurden hier ca. 200 Tonnen Getreide täglich gemahlen. Von der Großen Mühle aus begann der Dreizehnjährige Krieg (1454/66) gegen die Deutschen Ordensritter. Im Mittelalter war sie der größte Industriebetrieb Danzigs und einer der größten Europas. Die Mühle ist 26 m breit, ebenso hoch und 41 m lang. Das Wasser des Radaunen-Kanals bewegten einst 18 mächtige Mühlräder von je 5 m Durchmesser. Nach der letzten Erneuerung wurde sie von zahlreichen Firmen genutzt.

Weiter gehen wir an dem 1973 geschaffenen Heveliusdenkmal vorbei und erreichen das 1327 gegründete *Altstädtische Rathaus* [65]. 750 Mark steuerte nach eigenen Aufzeichnungen der damalige Komtur von Danzig, Walpode von Bassenheim, zu den Baukosten bei.

Der ursprüngliche Fachwerkbau wurde 1587/95 von A. v. Obberghen durch den jetzt noch dastehenden, massiven Renaissancebau ersetzt. Die zwei Dächer des einstöckigen Hauses (Grundfläche 22 x 24 m) werden von einer Attika überragt. Über einem Dach sehen wir einen Renaissancehelm mit drei Türmchen sowie darum herum eine Gloriette mit Balustrade.

Beim Eintritt ins Rathaus fesselt das prächtige Sandsteinportal unsere Blicke. Im Fries sehen wir das Danziger und andere Wappen. Bei der letzten Instandsetzung 1963 wurde die Nordwand mit der ursprünglichen Renaissanceverkleidung versehen. Am Eingang im Flur ist an der Mauer eine kleine Platte mit dem Relief von Johann Hevelius angebracht. In diesem Rathaus war er 46 Jahre lang zunächst Schöffe und später Mitglied des Rates, der nach 1454 dem Rat der Rechtstadt untergeordnet wurde. Johann Hevelius war der Besitzer der Brauerei in der Pfefferstraße.

Im Inneren sehen wir rechts das prächtige, zweiteilige *Renaissanceportal*, ein Teil ist aus dem Jahre 1517. Vom Fries über der Tür blickt ein polnischer Adler mit dem Buchstaben „S" auf seiner Brust (vermutlich steht das „S" für König Sigismund) herab. Durch das Treppenhaus aus der 2. Hälfte des 19. Jh. erreichen wir die reich ausgestattete Diele, deren Wände mit niedrigen Wandtäfelungen aus Delfter Kacheln verkleidet sind.

Die Wendeltreppe aus dem 17. Jh. führt uns zur verglasten Galerie. Neben der Treppe steht auf einem Sockel eine 1,85 m hohe Holzfigur von 1778, ein Werk H. G. Fadembrechts; bis Kriegsende gehörte sie der Schützengilde. Links von der Treppe befindet sich das prächtigste Kunstwerk der Diele, die dreiteilige Steinarkade mit einem Reliefornament im Fries. Oberhalb des Frieses sehen wir zwei schöne Kartuschen und drei Flachreliefs der römischen Götter

Merkur, Juno und Neptun. An der Wand des Flures hängen acht allegorische Bilder mit Darstellungen der Sibilla (Mitte des 17. Jh.). An der Decke des Flures sind weitere neun allegorische Bilder, u. a. mit Darstellung der Tugenden, angebracht. In der Deckenmitte sehen wir die Figur des Königs Sigismund III. Wasa. Neben der Wendeltreppe führt eine Tür zum großen, zu Beginn des 20. Jh. im Neorenaissancestil ausgestatteten Ratsherren- und Ratssitzungssaal. Heutzutage dient das altstädtische Rathaus als Kulturzentrum der Woiwodschaft/Wojewódzki Ośrodek Kultury.

Vom Rathaus biegen wir rechts ab und erreichen dann über die Am-Sande-Straße/ul. Na Piaskach (den Radaunen-Kanal entlang) die St.-Elisabeth-Kirchengasse/ul. Elżbietańska; auf der anderen Kanalseite gleich hinter dem Brücklein sehen wir das *Giebelhaus Nr. 3* [66]. Hier war der Sitz der Äbte von Pelplin; dieses Haus wurde 1612 von A. v. d. Blocke erbaut. Von 1684 an war es im Besitz des Zisterzienserklosters in Pelplin. 1912 wurde die manieristische (ein aus den Niederlanden eingeführter Stil) Fassade entfernt und anschließend rekonstruiert.

Auf unserem weiteren Weg kommen wir an zwei gotischen Kirchen vorbei: links haben wir die *St.-Elisabeth-Kirche* [67] und rechts die Pfarrkirche St. Joseph. St. Elisabeth wurde 1394 von Konrad von Jungingen als Kapelle des gleichnamigen Hospitals gestiftet. In der Mitte des 16. Jh. übernahmen die Kalvinisten sie; nach 1846 diente St. Elisabeth als Garnisonkirche. Neben dem Gotteshaus steht das barocke ehemalige Hospital von 1754. Nach der letzten Instandsetzung 1958 ist das Originalportal von K. Strzycki (Eigentümer des schon erwähnten Gebäudes „Zum Negerlein") für die Nachwelt erhalten geblieben.

Auf der gegenüberliegenden Seite dieser Straße ragt über die Häuser die prächtige Fassade der *St.-Joseph-Kirche* (ehemalige *Karmeliterkirche*; heute gehört sie dem Oblatenkloster/Księża Oblaci) empor. Während der Napoleonischen Kriege war sie zu einer Abteilung des Lazaretts umgewandelt. Seit dem Brand 1945 gibt es von dieser Kirche nur noch eine Kapelle und ein paar Kunstwerke.

Nun kehren wir zum Radaunen-Kanal zurück und biegen hinter dem Brücklein rechts ab, damit wir den Dominikswall/Wały Jagiellońskie (Hauptstraße) erreichen können. Hier verläuft die internationale Straße von Stettin/Szczecin über Gdingen/Gdynia und Zoppot/ Sopot, Oliva/Gdańsk-Oliwa und Langfuhr/Gdańsk-Wrzeszcz zum Zentrum von Danzig/Gdańsk; von dort führt sie weiter nach Süden in Richtung Bromberg/Bydgoszcz und Posen/Poznań. Auch die nach Osten über Elbing/Elbląg nach Warschau/Warszawa und, wie zu hoffen ist, in kurzer Zeit auch nach Königsberg/Królewiec führende Route haben wir hier vor uns.

Dem Dominikanerwall gegenüber erhebt sich die palaisartige Neorenaissanceresidenz der ehemaligen preußischen Danziger Garnisonkommandantur, erbaut 1897/1901. Von 1920 bis 1939 war hier der Sitz des Hohen Kommissars des Völkerbunds in der „Freien Stadt Danzig". Gegenwärtig ist hier der *studentische Klub „Żak"* **[68]** untergebracht. Gleich daneben erhebt sich hinter dem Fluß Radaune/Radunia das sechsstöckige Gebäude der (vor dem Zweiten Weltkrieg) Westpreußischen Feuer-Societät. Nach 1945 waren hier die Räume des KW PZPR-Woiwodschaftskomitees der Polnischen Vereinigten Arbeiterpartei. 1970 brannte das hohe Haus während der Unruhen zum Teil aus; es wurde nach dem Wiederaufbau um ein weiteres Stockwerk erhöht. Diesem Gebäude gegenüber steht die aus dem 16. Jh. stammende Ruine der *St.-Elisabeth-Bastion* **[69]**. Im Keller der Renaissancefestung, die einst mit ihren Mauern den Eingang zur Altstadt von Westen her schützte, befindet sich das Café „Bastion". Jetzt kommen wir an der schon erwähnten St.-Elisabethkirche vorbei und gehen weiter zum Plac Gorkiego am Hauptbahnhof.

Rundgang durch die Alte Vorstadt

„Viktoriaschule" – *Trinitatiskirche*/kościół św. Trójcy – *National-museum*/Muzeum Narodowe – *St.-Peter-Paul-Kirche*/kościół św. Piotr i Pawła – *Neues Zeughaus*/Mała Zbrojownia – *Bastionen*

Unseren Rundgang beginnen wir im Gebiet, das im 14. Jh. im Bereich der Rechtstadt entstand, am *Hohen Tor* (Zufahrt vom Hauptbahnhof mit den Straßenbahnen Nr. 6, 8 und 13). Vor diesem Tor erstrecken sich der *Heumarkt*/Targ Sienny und Grünanlagen, die sich bis zum Radaunen-Kanal hinziehen.

Hier sehen wir ein kleines *Denkmal* der bekannten polnischen Dichterin *Maria Konopnicka*, Autorin des patriotischen polnischen Liedes „Rota", dessen Melodie im Glockenspiel des Rathausturmes erklingt.

Wir gehen dann den Karrenwall/ul. Okopowa entlang. Links stehen ein paar herrliche, im Stil der Danziger Renaissance gebaute Häuser, ihnen voran das eklektische Gebäude der *Polnischen Nationalbank* [70]. Die Fassade ist mit zahlreichen Steinkunstwerken verziert (geschmückte Giebel, Bronzerelief-Segelschiff auf wogendem Meer).

Wir setzen den Weg entlang der anderen Neorenaissancegebäude fort und erreichen den Tunnel unter dem Viadukt an der Einmündung Vorstädtischer Graben/Podwale Staromiejskie in die Straße ul. Armii Krajowej. Hinter dem Tunnel führt uns der Wieben-Wall/ul. Okopowa zur St.-Trinitatis-Kirchengasse/ul. Św. Trójcy.

Während wir weitergehen, erblicken wir an der Holzgasse/ul. Kładki die ehemalige *Viktoriaschule* [71], früher höhere städtische Mädchenschule, benannt nach der Gemahlin Kaiser Wilhelms II. Erbaut wurde sie 1882, ausgebaut 1905. Mit dieser Schule sind trauererregende Erinnerungen verbunden: am 1. September 1939 wurden hierher die Aktivisten der Danziger Polonie gebracht und gefoltert.

Jetzt kehren wir zur St.-Trinitatis-Kirchengasse zurück und sehen vor uns das im 17. Jh. als Fachwerkhaus entstandene *Kanzelhaus*/domek galeriowy [72]. Es wurde unter Ausnutzung der gotischen

Mauer des kirchlichen Hofes von St. Trinitatis gebaut. Über die Treppe erreichen wir die Galerie und von hier die fünf Wohnungen, die jeweils aus einer Stube und einer Küche bestehen. Die Räume im Erdgeschoß dienten wirtschaftlichen Zwecken des Franziskanerkonvents.

Das Gebäude ist Teil des großen Franziskanerbesitzes. Dieser Orden kam 1419 nach Danzig und erhielt vom Hochmeister Michael Küchmeister von Sternberg den Platz zur Gründung von Kloster und Kirche geschenkt. Dessen Vorgänger Konrad von Jungingen hatte dort 1393 die Vorstadt Wolfshagen gegründet. Heute ist hier die Fleischergasse. Die Mittel für das Vorhaben mußten sich die Franziskaner selbst erbetteln. Bis 1514 bauten sie einen großen ***Klosterkomplex*** mit der mit Giebeln reich gegliederten Trinitatiskirche/ Św. Trójcy.

Abb. 12: Die Trinitatiskirche, Stich von J. K. Schultz (1801/73)

29. Trinitatiskirche/kościół Św. Trójcy

Vom Kanzelhaus erreichen wir den kleinen Kirchhof. Links ist der Eingang zur Kirche, der zweitgrößten Danzigs.

Die dreischiffige **Trinitatiskirche**/kościół Św. Trójcy **[72]** mit ihrem in der Breite des Mittelschiffes verlängerten Presbyterium ist 84 m lang, 29 m breit und 23 m hoch. Jedes Schiff des Hallenbaues hat ein eigenes Dach, das im Westen mit einem Spitzgiebel abschließt. Das spätgotische Gewölbe wird von zehn Pfeilern getragen. Das Presbyterium wurde 1945 durch Brand zerstört und ist daher jetzt vom Hauptschiff durch eine Wand abgetrennt. Nach der Ausbreitung der Reformation in der Stadt übergaben die Franziskaner 1555 das Kloster freiwillig an den Rat der Stadt mit der einzigen Bedingung, das Kloster nicht für profane Zwecke zu verwenden. Während der französischen Kriege dienten Kloster und Kirche als Militärlazarett, während der preußischen Zeit waren hier eine Markthalle und ein Gefängnis. Nach 1945 kamen die Franziskaner zurück und bauten die Kirche wieder auf.

St. Trinitatis ist trotz vieler Zerstörungen reich an herausragenden Kunstwerken. Im Südschiff sehen wir einige Epitaphien aus dem

16. und dem 17. Jh., ein Kruzifix von ca. 1500, fünf Wappen in den Schlußsteinen der Gewölbe und den barocken Orgelprospekt (1703). Unter der Orgel am Altar wurde das beachtenswerte gotische Chorgestühl von 1511 aufgestellt. An der Trennwand zum Presbyterium hängt ein wertvolles Schnitzkreuz von 1482 aus der St.-Johannes-Kirche, unterhalb davon befindet sich der aus mehreren Teilen zusammengesetzte Altar (Beginn des 16. Jh.).

Im Mittelschiff, an einem mit Malereien aus dem 17. Jh. geschmückten Pfeiler, fordert die wertvolle spätgotische (1541) Schnitzwerk-Kanzel mit den vier Evangelisten unsere Aufmerksamkeit. Lohnend ist ein Blick auf die Christusfigur auf dem Baldachin. Sehenswert sind in dieser Kirche auch zahlreiche Gemälde, ein Spiegel aus poliertem Messingblech (alles 17. Jh.) sowie der Taufstein von 1709. Im Nordschiff befindet sich das Epitaphium des J. B. Bonifacio (Marquis d'Oria, s. S. 105), Gründer der Gymnasialbibliothek (jetzt Bibliothek PAN), ein Werk von A. v. d. Blocke.

Im Westen schließt sich die kleine *St.-Annen-Kirche*/św. Anny an, die auf Anregung von König Kazimierz IV. 1480 für die Bewohner der Vorstadt erbaut wurde und in der nach dem 16. Jh. bis 1817 der Gottesdienst in polnischer Sprache (u. a. durch den sehr verdienten C. K. Mrongowiusz) zelebriert wurde. Die barocke Kanzel stammt aus dem Jahre 1721, der Altar von 1650, die Orgel mit der geschmückten Balustrade ist aus dem 17. Jh., ebenso das Bild „Rückkehr des verlorenen Sohnes" an der Nordwand.

Südlich an die Trinitatiskirche lehnt sich das große, vierflügelige Gebäude des ehemaligen Klosters an; nach dessen Auflösung war hier ab 1558 zunächst eine Schule, nach 1568 ein Gymnasium, ab 1643 ein berühmtes Akademiegymnasium untergebracht.

Dank der Bemühungen des Bildhauers *Rudolf Freytag* wurde in diesem Gebäude ein städtisches Museum eingerichtet. Nach der letzten Instandsetzung hat hier seit 1948 auch das Pommersche Museum und seit 1972 das *Nationalmuseum* seine Ausstellungsräume. Im schön gewölbten Kreuzgang und in den gotischen Sälen des Erdgeschosses sowie in den großen Räumen im ersten und zweiten Stock sind in Ausstellungen zahlreiche Kunstwerke (Bildhauerei, Malerei) zu sehen. Hier ist u. a. das Kunstwerk höchsten

Ranges, das Gemälde **„Das Jüngste Gericht"** von Hans Memling, ursprünglich in der Marienkirche, aufgestellt.

Dieses Bild, das berühmteste Kunstwerk Danzigs, ist ein Flügelaltar. In geschlossenem Zustand zeigt er die Stifter, einen Mann und eine Frau, auf grauem Hintergrund, mit Wappen. In der oberen Hälfte des Bildes selbst thront Christus auf einem Regenbogen. Mit der rechten Hand segnet er die Auserwählten, mit der Linken wehrt er die Verdammten ab. An den Seiten Christi reihen sich die Apostel an, vor ihnen knien auf den Wolken Maria und Johannes. In der unteren Hälfte des Bildes ist der Anbruch des Jüngsten Tages zu sehen. Die Gräber öffnen sich. Inmitten der Menschen steht überlebensgroß der in einen purpurroten Mantel gehüllte Erzengel Michael. Rechts von ihm gelangen die Seligen zur Himmelspforte, links werden die Verdammten zur Hölle gedrängt.

Dieses Gemälde hat eine außergewöhnliche Geschichte. Es wurde im Auftrag eines florentinischen Bankiers gemalt. Während der Kriege der Hanse mit England 1473 brachte man dieses Gemälde unter der Flagge des neutralen Burgund auf dem Seeweg von England nach Italien.

Während der Fahrt wurde das Schiff von den Freibeutern der großen Karavelle „Peter von Danzig" unter Führung des Danziger Kapitäns Paul Benecke geschlagen. Dieser Kapitän schenkte das Bild der Marienkirche in Danzig. So begann der internationale Skandal.

Der italienische Bankier forderte sein Eigentum zurück, der Papst drohte der Stadt mit dem Bann, Kaiser Rudolf von Habsburg wollte dieses Werk für 40 000 Taler der Stadt abkaufen.

Kaiser Napoleon brachte das „Jüngste Gericht" nach Paris in den Louvre. Nach den Napoleonischen Kriegen (1817) kam es wieder nach Danzig und erfreut Besucher der Stadt aus der ganzen Welt und Einheimische.

Außerdem sind weitere Ausstellungen sehenswert: Schmiedekunst aus dem 17. und 18. Jh., Goldschmiedekunst aus dem 15. bis 18. Jh., Keramik (15. bis 19. Jh.), Danziger und niederländische Möbel (15. bis 18. Jh.). Für die Besichtigung dieses Museums brauchen wir ca. zwei Stunden Zeit.

Setzen wir unseren Weg nach Süden fort, kommen der Giebel und der merkwürdige Turm der **Peter-Paul-Kirche**/św. Piotra i Pawła [73] im Poggenpfuhl/ul. Żabi Kruk (Parallelstraße der Fleischergasse/ul. Rzeźnicka) ins Blickfeld. Das Gotteshaus wurde 1393 von Konrad von Jungingen als Pfarrkirche der neuangelegten Vorstadt gegründet.

Der Brand, der 1424 die Vorstadt verwüstete, zerstörte auch diese Kirche bis auf die Umfassungsmauern. Wegen fehlender Mittel konnte sie erst nach und nach bis 1514 in kleinerem Umfang wiederaufgebaut werden. Auch bei verschiedenen Belagerungen von 1577 und 1807 wurde die Kirche vielfach beschädigt, ebenso 1945; die Instandsetzungen dauern noch an.

1815 eröffnete beim Poggenpfuhl der damalige Danziger Arzt J. G. Haffner (Gründer des Zoppotbades im Jahre 1823) eine Badeanstalt.

Geht man vom Poggenpfuhl/ul. Żabi Kruk nach Süden, vorbei an der Thornschen Gasse/ul. Toruńska, erreicht man die Fleischergasse/ul. Rzeźnicka. Hier sehen wir den **Weißen Turm**/Biała Wieża, einen Bestandteil des aus dem Jahr 1461 stammenden **Neuen Tores**/ Nowa Brama.

Links am Wallplatz/pl. Wałowy fällt unser Blick auf das **Neue Zeughaus**/Mała Zbrojownia, erbaut 1645 von Jan Strakowski. Dahinter erhebt sich die **Bastion Gertrud**/Bastion św. Gertrudy aus dem 16. Jh., ein Werk von A. v. Obberghen; ein Erdwall erstreckt sich von hier aus der Weißen Turmstraße/ul. Augustyńskiego (der Name dieser Straße leitet sich vom Direktor des **Polnischen Gymnasiums** ab) her. Von dort erblicken wir auch gleich das Schulgebäude, in dem von 1922 bis 1939 in einem polnischen Gymnasium Unterricht erteilt wurde. Daneben, an der Wiebengasse/ul. Okopowa, erhebt sich das lange Gebäude des **Woiwodschaftsamtes**/Urząd Wojewódzki. Wir kehren nun zum **Hohen Tor** zurück. Zu empfehlen ist ein Abstecher von der Bastion Gertrud zum **Leeges-Tor**/ Brama Nizinna (17. Jh.) sowie zur **Bastion Maidloch**/Żubr; zur **Stein-Schleuse**/Śluza Kamienna ist der Weg dann nicht mehr weit.

Mit dem Schiff durch den Danziger Hafen

Mottlau/Motława – *Tote Weichsel*/Martwa Wisła – *Kaiserhafen*/
Kanał Kaszubski – *„Biegung Fünf Pfeifen"*/Zakręt Pięciu Gwizdków – *Hafen-Kanal*/Kanał Portowy – Westerplatte.

Abb. 13:
Übersicht über den
Danziger Hafen/
Port Gdański.
(1) Danziger Werft/
Stocznia Gdańska;
(2) Nordwerft/
Stocznia Północna
im. Bohaterów
Westerplatte;
(3) Festung Weich-
selmünde/Twierdza
Wisłoujście;
(4) Wachhaus Nr. 1
(nationale Gedenk-
stätte) und
Denkmal auf der
Ruhestätte der
Verteidiger der
Westerplatte 1939;
(5) Denkmal für
die Verteidiger der
Ostseeküste;
(6) Fährschiffs-
anlegestelle;
(7) Anlegestelle
der Weißen Flotte.
(Quelle:
A. Januszajtis)

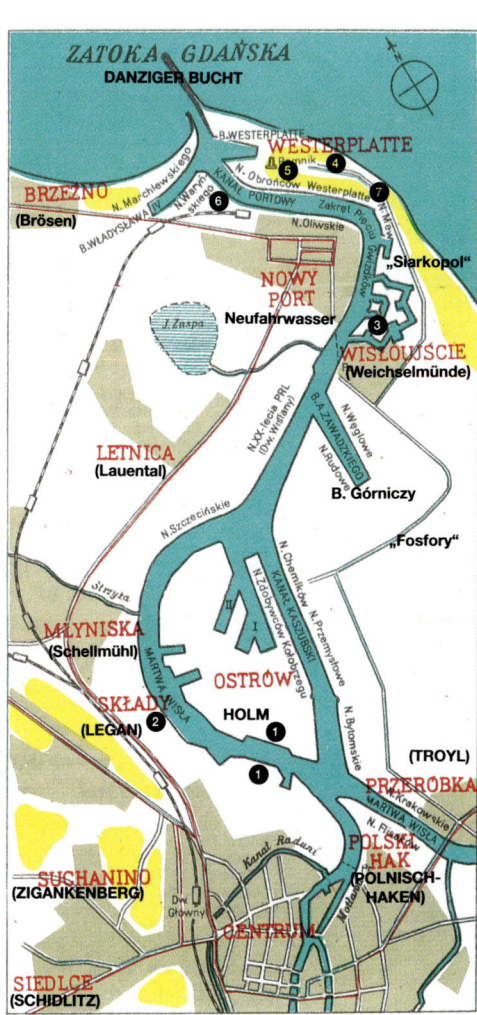

Die Route ist ca. 8 km lang; man benötigt für sie etwa drei bis vier Stunden, wenn man einen Spaziergang auf der Westerplatte nicht ausläßt.

Die Anlegestelle befindet sich neben dem *Grünen Tor* (Żegluga Gdańska, Tel. 314926, auch Kasse).

Zunächst fahren wir durch den alten, schon seit dem 10. Jh. genutzten Danziger Hafen an der Mottlau; heutzutage ist hier weniger Betrieb als früher. Links erkennen wir die schon beschriebenen (Route Nr. 2) Sehenswürdigkeiten der Langen Brücke wieder, auf der anderen Seite hinter der Grünen Brücke die alten, wieder rekonstruierten Speicher. Weiter rechts steht das Gebäude des Speichers *„Deo Gloria"*. Wir passieren nun einige Tore, und zwar das Grüne Tor [19] (1568, hier beginnt diese Schiffsfahrt), das Brotbänkentor [22] (ca. 1450), das Frauentor [24] (ca. 1485), das Heilig-Geist-Tor [24a] (15. Jh.), das Krantor [25] (1444), das Johannistor [28] (14./15. Jh.) und endlich das Häkertor/Brama Straganiarska (Ende des 15. Jh.). Nicht zu übersehen sind nun der Schwan- oder Fischturm [31] (14./15. Jh.), die Mauerüberreste auf dem Gebiet der mittelalterlichen Burg und der Turm der Burg der Deutschen Ordensritter [32].

Auf dem anderen Ufer bewundern wir die Gebäude aus dem 15., 18. und 19. Jh., in denen heute das Meeresmuseum untergebracht ist, und am Ufer das vor Anker liegende *Museumsschiff „Sołdek"* [25].

Wir erreichen jetzt an der Mündung der Neuen Mottlau/Nowa Motława den Bleihof/Ołowianka; hier war einst ein Komplex dreier Speicher, die bereits wiederaufgebaut sind und zum Zentralmeeresmuseum gehören.

Ein wenig weiter fällt der Blick auf das Renaissancegebäude des *Königsspeichers* [26] von 1621 und einen Kraftwerkskomplex (die ehemalige städtische Elektrische Zentrale).

Links sehen wir ein Brücklein über dem Zufluß des Kanals der Radaune/Kanał Raduni in die Mottlau. Gleich hinter uns befindet sich das Hafengelände *Brabank*; auf diesem Gebiet waren schon im 15. Jh. Schiffsreparaturwerkstätten ansässig. 1804 wurden die Werften von J. J. Klawitter übernommen und 1827 durch seinen

Sohn J. Wilhelm renoviert. 1824 begann man mit dem Bau von Dampfschiffen, seit 1855 aus Stahl.

Rechts fahren wir am Strohdeich/Sienna Grobla vorbei, der beim Polnischen Haken/Polski Hak endet. Der **Polnische Haken** ist ein Stück Land zwischen Mottlau und Toter Weichsel; hier hielten sich polnische Flößer auf, um nach der Entladung des Getreides und der Verbringung in die Speicher auszuruhen. Ein paar Wochen lang, vor allem vom Frühling bis zum Herbst, war hier früher reger Betrieb, und man konnte abends den Flößern beim Singen und Tanzen zusehen bzw. zuhören.

Das abendliche Treiben dort gestaltete sich recht malerisch. *„Die galizischen Flößer entfachen Feuer vor ihren von Stroh und Heu hergestellten Lagerhütten am Ufer wie auf den Traften zur Bereitung ihrer Abendmahlzeit. Bis in die Nacht hinein um diese Feuer gelagert, lauschen sie den schwermütigen heimatlichen Weisen, die einer der Genossen nicht ungeschickt einer Geige entlockt, oder sie schwingen sich zu rhythmischen Klängen jauchzend um die Feuer"* (32, S. 112). Die besten Bilder des Malers Stryjowski entstammen seinen Studien auf dem Polnischen Haken.

Jetzt verlassen wir die Mottlau und erreichen das Gebiet der Toten Weichsel/Martwa Wisła (oder Leniwka). Die Insel zwischen Kaiserhafen und Toter Weichsel heißt **Holm**/Ostrów. Wir überqueren die Tote Weichsel und fahren zum Kaiserhafen.

Links sehen wir beiderseits des Flusses Tote Weichsel die ehemalige **Kaiserwerft** (jetzt die bekannte Stocznia Gdańska); dieser Betrieb geht auf das Jahr 1844 zurück, als auf der linken Seite des Flusses der Königliche Korvetten-Depotplatz entstand; 1871 wurde er durch die Kaiserliche Werft ersetzt. Ein wenig weiter entstand 1890 die **Schichau-Werft**. Die beiden vereinigten sich vor 1939 zur internationalen Aktiengesellschaft „**Danziger Werft**". Seit dem letzten Krieg arbeitet hier die Danziger Werft/**Stocznia Gdańska** weiter.

Unweit davon befinden sich an der Toten Weichsel die **Nordwerft**/ Stocznia Północna und auf dem Holm zwei Werft-Werkstätten.

Unser Schiff überquert die Tote Weichsel und erreicht den **Kaiserhafen**/Kanał Kaszubski; er wurde 1901/03 an der Stelle der einstigen Schuitenlake/Łacha Szkut oder Bootsmanns-Lache (nach der

30. Im Danziger Hafen

Karte von 1725) gebaut. Die Länge dieses Kanals beträgt 2 km, die Breite 130 m und die Tiefe in der Strömung 9 bis 10 m.

Rechts vom Kaiserhafen befindet sich die Stadtsiedlung Przeróbka (Troyl); sie war einst Lager- und Trockenplatz des von polnischen Gebieten, den Kornkammern Danzigs, auf Flößen herbeigeschafften Getreides. Der Name Troyl leitet sich von „Treidelweg" (Uferweg zum Treideln) ab, in der Flößersprache hieß er Tryl oder Trel. *(Treideln bedeutet, ein Wasserfahrzeug vom Uferweg aus durch Ziehen fortzubewegen).*

Wir fahren weiter, und zwar links am Holm vorbei; es ist wichtig zu erwähnen, daß es hier schon seit dem 17. Jh. beiderseits der

Bootsmanns-Lache (Łachy) eine mächtige Festungsanlage gab, die die Stadt Danzig von der Meeresseite her schützte.

Während des Ausbaus der Befestigungen durch die Franzosen (1811/13) entstand das mächtige Napoleon-Fort; es wich erst 1890 den Chemischen Werken. Heute befindet sich hier eine Phosphordüngerfabrik, deren Abgase die Luft der Stadt vergiften.

Jetzt verlassen wir den Kaiserhafen und fahren in die Tote Weichsel, die halbkreisförmig im Westen die Insel Holm umfließt. Weiter links haben wir einen Teil des *Weichsel-Hofes*/Dworzec Wiślany vor uns und rechts den *Holzlagerplatz*/Dworzec Drzewny. Am Weichsel-Bahnhof fallen zwei nach dem letzten Krieg erbaute Vorratsräume und ein Stück weiter der *Getreidesilo* von 1938 auf.

31. Im Danziger Hafen

Auf der gegenüberliegenden Seite, gleich hinter dem Holzlagerplatz, beobachten wir das *Massengut-Becken*/Basen Górniczy (1928), geeignet zum Be- und Entladen von Massengütern (v. a. Steinkohle und Erze). Seine Fläche beträgt 12 ha, es ist 800 m lang, 150 m breit und zwischen 8 und 10,5 m tief. Anschließend erkennen wir auf dem linken Ufer zwei *alte Speicher* aus der Zeit vor dem Ersten Weltkrieg. Gleich dahinter ergießt sich der sog. „Schlund"/Gardziel, ein Abfluß eines kleinen Baches aus dem verlandeten *Zaspa-See*, einem Restbestand einer der Abflußarme der Weichsel, in den Kanal.

Jetzt befinden wir uns im Zentrum des modernen Danziger Hafens (seit 19. Jh.), der Fortsetzung des alten Hafens auf der Mottlau. In den sechziger und siebziger Jahren wurde er bedeutend ausgebaut, die Wasserbecken wurden verbreitert und vertieft.

Hinter dem Massengut-Becken befand sich rechts bis 1945 die Fischer- und Arbeitersiedlung *Weichselmünde*/Wisłoujście mit einem Kirchlein aus dem 18. Jh.

Noch weiter im Hintergrund machen wir die *Festung Weichselmünde*/Twierdza Wisłoujście aus, früher ein Bollwerk zur Verteidigung der Hafeneinfahrt.

Bereits 1397 bestand hier in Form eines Blockhauses eine militärische Hafensicherung. 1465 wurde es durch ein großes Unwetter zerstört; an seiner Stelle erbaute man einen neuen Backsteinturm, der auch als Leuchtturm diente. Die Lichtquelle war glühende Steinkohle.

1562 wurde der Turm um einen *Kranz* ergänzt; er war fortan eine runde kleine Festung mit drei Stockwerken; sie verfügte über Kasematten im Kellergeschoß und hatte Schießscharten in den Mauern. 1577 wurde der Kranz während der Belagerung durch das polnische Heer unter Stefan Batory beschädigt; anschließend entstand um den Kranz ein *fort carré* mit vier Bastionen, ein Werk A. v. Obberghens. Zugleich wurde der Turm um drei Stockwerke erhöht, worauf die Daten 1586 und 1587 in den Schlüsseln der Schießscharten und die Jahreszahl 1602 auf dem Portal zum ‚fort carré' hinweisen. In der 1. Hälfte des 17. Jh. entstanden um den Kranz Offiziershäuser, außerdem eine Kaserne auf dem Gelände des Forts.

In den Jahren 1624/26 wurden diese Befestigungen wegen der Gefahr schwedischer Überfälle durch fünf Bollwerke rings um die bisherige Anlage verstärkt. Zugleich erhielt die gegenüberliegende Seite des Flusses die *Westschanze*/Szaniec Zachodni. Während der preußischen Herrschaft war hier ein politisches Gefängnis untergebracht.

Die Festung Weichselmünde lag zunächst direkt am Ostseeufer, schon 1813 jedoch, bedingt durch die Akkumulationswirkung von Meer und Weichsel, 500 m vom Meer entfernt. 1758 wurde der alte Leuchtturm in Neufahrwasser/Nowy Port durch zwei neue ersetzt. Der Zweite Weltkrieg machte aus der Festung ein Trümmerfeld und aus dem Leuchtturm eine Ruine. 1960/68 wurde der Turm wiederaufgebaut, ebenso erstanden die Gebäude rings um den Kranz neu. Die Festung Weichselmünde ist für Touristen zugänglich. Leider verfällt sie zusätzlich durch die Luftverschmutzung vor allem der nicht weit von hier entfernt liegenden Düngemittelfabrik „Fosfory" und des Schwefelumschlaghafens „Siarkopol". Die Westschanze wurde im 19. Jh. abgerissen, an ihrer Stelle ist jetzt ein Treibstofflagerplatz.

Auf der anderen Seite des Flusses sehen wir die Häuser des Ortes *Neufahrwasser*/Nowy Port. Er entstand nach der Ersten Teilung Polens 1772; der preußische Staat baute hier einen neuen Hafen als Gegengewicht zu dem Danziger Hafen, der sich noch innerhalb der Grenzen Polens befand. Zu dieser Zeit baute man auch zahlreiche Gasthäuser, Handwerksstätten, Ämter, Läden und im 19. Jh. die Kirche. 1817 wurde Neufahrwasser der Stadt Danzig einverleibt.

Unser Schiff fährt weiter zur sog. *„Kurve der Fünf Pfeifen"*/Zakręt Pięciu Gwizdków, benannt nach einem alten Warnsignal, welches den Schiffen ankündigte, daß sie sich an einer gefährlichen Stelle (einer engen Kurve) am Weg von der Toten Weichsel zum Hafenkanal und umgekehrt befanden. In der Nachkriegszeit wurde dieser Gefahrenpunkt so ausgebaut, daß Schiffe bis 220 m Länge hier problemlos passieren können.

Hinter dieser Kurve erreichen wir den 2 km langen *Hafen-Kanal*/Kanał Portowy; er endet beim Ausgang vom Hafen zur Reede. Früher betrug die Breite 100 m; in den sechziger Jahren wurde dieser

Kanal bis 150 m verbreitert und auf 12 m vertieft. Dafür verkleinerte man die nächstgelegene Halbinsel *Westerplatte*; hier entstanden Hafenufer für Güterumschlag und Liegeplätze. Außerdem gibt es hier seither eine Anlegestelle für Personenschiffsrundfahrten.

Die Entstehung dieser Halbinsel liegt ein paar hundert Jahre zurück. Zuerst bildete sich unter Wasser eine Sandbank nordwestlich des Abflusses der Toten Weichsel. Nach und nach schwemmte das Wasser (durch Wellen und Meeresströmungen) große Mengen Sand an, so daß sich diese Sandbank allmählich zu einer Insel umwandelte. Noch 1674 war sie auf der Karte von E. Strackwitz nicht verzeichnet. Erst 1682 fingen kleine Inseln an, sich vom Meer abzusondern. 1691 zeigte sich schon eine große Sandbank oberhalb des Wassers; sie wurde *West Plaate*/Płyta Zachodnia genannt. Zwischen ihr und dem Lande grub man einen Wasserweg für die Schiffe und verstärkte dadurch das Ufer der *West Plaate*.

1698 existierte bereits ein neuer Wasserweg für Schiffe westlich des ursprünglich vorhandenen (nördlichen). Dies zeigt die Karte von 1724. Der neue Wasserweg bildet den schon erwähnten Hafen-Kanal/Kanał Portowy.

Die Halbinsel wurde entwässert und zum Teil aufgeforstet. Weitere entscheidende Änderungen erfolgten nach 1840. Zu dieser Zeit bahnte sich die Weichsel bei Neufähr/Górki einen neuen Abfluß zur Ostsee. Der ursprüngliche Abfluß der Weichsel zur Ostsee bei Neufahrwasser war verschlammt, er wurde deshalb zugeschüttet. Infolgedessen wurde die bisherige Insel zur Halbinsel Westerplatte, die östlich des Abflusses des Hafen-Kanals liegt. Bis heute benutzen wir den Namen Westerplatte, auch in der polnischen Sprache, und das wegen der Ereignisse von 1939.

Die Halbinsel Westerplatte hat wie z. B. Samosierra, Racławice und Grunwald für die polnische Bevölkerung eine große Bedeutung, weil sie in der Geschichte des öfteren zum Schlachtfeld wurde.

Schon 1734 diente die Westerplatte während der Belagerung Danzigs durch ein russisches Heer zur Verteidigung. Zum Ende des 18. Jh. baute der preußische Staat vier mächtige Redouten. 1807 und 1813 fanden hier bedeutende Gefechte mit dem napoleonischen Heer statt. In der 2. Hälfte des 19. Jh. entstand auf der Westerplatte ein Seebad, das sich aus kleinen Anfängen zu einer Villenkolonie mit Park entwickelte. Man baute außerdem den Kaiser-Steg und ein paar Anlegestellen für Ausflugsschiffe. 1924 wurde die Westerplatte dem polnischen Staat als Munitionsladeplatz zur Erbpacht zugestanden. Am 25. August 1939 lief der Schlachtkreuzer „Schleswig-Holstein" „zu Besuch", wie es hieß, an der Festung Weichselmünde ein. Am 1. September um 4.45 Uhr begann mit dem Feuer von diesem Schlachtschiff auf die Westerplatte sowie mit dem Überfall der deutschen Infanterie auf polnisches Gebiet der Zweite Weltkrieg. Am 7. September kapitulierte die polnische Garnison.

„Der deutsche General F. G. Eberhart sagte, während er die Kapitulation vom polnischen Kommandanten mjr. H. Sucharski entgegennahm: ‚Tapfer geschlagen!' Als Beweis dafür durfte mjr. H. Sucharski sein eigenes Schwert behalten, der deutsche General reichte es ihm persönlich zurück."

32. Das Denkmal der Verteidiger der Ostseeküste auf der Westerplatte

33. Teil des Nordhafens

Nach dem Zweiten Weltkrieg wurde das Gelände zunächst vernachlässigt, einige Verteidiger der Halbinsel Westerplatte wurden sogar von der kommunistischen Regierung verfolgt, weil sie der Exilregierung in London nahestanden. Erst in den sechziger Jahren wurde dieses Schlachtfeld hergerichtet; am 9. Oktober 1966 enthüllte man das Denkmal zu Ehren der Verteidiger der Küste.

Im erhalten gebliebenen *Wachhaus*/Wartownia Nr. 1 ist seit 1975 eine nationale Gedenkstätte eingerichtet. Auf der Anhöhe des Denkmals hat der Besucher ein schönes Panorama vor sich: Neufahrwasser, Hafen-Kanal, Reede, Ausgang zur Ostsee und die zwei Hafenbecken, Westerplatte auf der Halbinsel von 1925 und gegenüber Bassin Władysława IV. von 1879. Auf der gegenüberliegenden Seite ist das *Hafenamt*/Kapitanat portu gdańskiego sichtbar, in der Nachbarschaft der 27,3 m hohe Leuchtturm von 1894 (jetzt außer Betrieb), dessen Funktion der neue Leuchtturm in Nordhafen/Port Północny, 600 m östlich des Ansatzes der Halbinsel Westerplatte (entstanden 1970/75), übernahm.

Gegenüber dem Denkmal der Verteidiger der Küste auf der Westerplatte (in Neufahrwasser/Nowy Port) am T.-Ziółkowskiego-Ufer ist eine Anlegestelle für Fährschiffe von Danzig nach (u. a.) Helsinki, Oxenlösund, Helsigør, Nynaeshamn, Travemünde und Visby (Anschrift: Nowy Port/Neufahrwasser, ul. Przemysłowa 1, Tel. 43 18 87).

Oliva

Vom Zentrum Danzigs erreichen wir Oliva am besten mit der elektrischen Bahn, Straßenbahnen Nr. 6, 12 oder mit dem Pkw (zunächst Richtung Gdynia).

Wenn wir mit der Eisenbahn fahren, sehen wir hinter der Station Danzig-Langfuhr/Gdańsk Wrzeszcz rechter Hand große moderne, schöne und weniger gelungene Wohnblöcke der neuen Siedlungen *Zaspa*, *Młyniec*, *Przymorze*. In Saspe/Zaspa war vor und nach dem letzten Krieg ein Flughafen.

Interessanter noch ist die Fahrt nach Oliva mit der *Straßenbahn* (Nr. 6 und 12 vor dem Hauptbahnhof PKP in Danzig) oder dem Pkw. Nach ein paar hundert Metern fahren wir über den Eisenbahnviadukt; er heißt *Irrgarten-Brücke*/Błędnik; der Name leitete sich von dem weitverzweigten Wegelabyrinth aus Büschen her, das es hier bis zum Ende des 19. Jh. gab.

Unweit links sehen wir hinter der Tankstelle die aus Erde aufgeschüttete *Befestigunganhöhe Hagel*/Bastion Jerusalem aus dem 17. Jh., eine von vielen Bastionen, die auf der Danziger Höhe zum Schutze der Stadt gen Westen entstanden sind. Das Gelände der Bastion war im Mittelalter durch Bewohner der Erdwallburg besiedelt; bei Ausgrabungen fand man u. a. alte Keramik und Goldmünzen aus der Zeit der Ottonen.

Weiter fahren wir in die *Große Allee*/Aleja Zwycięstwa (Nach 1939 hieß sie zum Teil „Hindenburg-Allee" und nahe dem Stadtteil Langfuhr „Allee Adolf Hitler"; nach 1945 wurde sie in „Allee Rokossowski" umbenannt, nach dem General der Roten Armee, der für kurze Zeit auf Stalins Befehl Marschall und Oberbefehlshaber der polnischen Armee war.).

125

Die Große Allee ist eine 2100 m lange Verkehrsader. Sie wurde in den Jahren 1768/70 mit einem Kostenaufwand von 100000 Gulden angelegt. Bürgermeister Daniel Gralath stand an der Spitze der Förderer des Unternehmens. Zu seiner Zeit pflanzte man 1416 aus den Niederlanden eingeführte Linden an. Was Danzig an dieser Lindenallee besitzt, illustriert folgende kleine Geschichte.

„Die Linden standen in voller Blüte, als wir eines Tages mit der Pferdebahn durch die Allee fuhren. Uns gegenüber saß ein Alter, der sich nicht satt daran sehen konnte und endlich gerührt in die Worte ausbrach: ‚Mein Gott, was ist das für eine Pracht! Wenn bei uns in Schweden eine Linde zur Blüte kommt, läuft die ganze Stadt zusammen, das Wunder zu sehen, und hier stehen hunderte mit solcher Blütenfülle beieinander! Das werden sie mir daheim nicht glauben wollen‘ " (32, S. 117).

Während wir weiterfahren, sehen wir das Panzer-Denkmal. Der hier zur Schau gestellte Panzer kam an der Spitze der Garnison mit Oberleutnant J. Miazga als erster im März 1945 nach Pommern und Gdingen.

Von hier führt links eine Straße zur Medizinischen Akademie.

An der Lindenallee zieht zunächst der großangelegte **Akademische Park**/Park Akademicki unseren Blick auf sich. Dann kommt das große Gebäude der **Oper**/Państwowa Opera und der **Philharmonie**/ Filharmonia Bałtycka ins Bild; an seiner Stelle war vor dem Krieg eine große Sporthalle.

Ein wenig weiter steht ein mächtiger Bau, der ehemals der Realschule, dem sog. Conradinum, gehörte. Die Lehranstalt war im 19. Jh. in Jankowo bei Danzig von K. F. Conradi gegründet und dann nach hier verlegt worden. Heute beherbergt das Haus das Technikum des Schiffsbaus.

Ihm gegenüber sehen wir die **Technische Hochschule**/Politechnika Gdańska mit ihrem Schiffsinstitut; sie wurde 1904 eröffnet. Die äußere Gestalt des Gebäudes geht auf ein Projekt von A. Carsten zurück, der Baustil lehnt sich an die Danziger Renaissance an. Der Hauptteil des Baues war 1945 ausgebrannt und wurde in der Folgezeit wiederaufgebaut.

Am Ende der Großen Allee fesselt rechts das **kleine Palais der Fa-**

milie Uphagen unsere Aufmerksamkeit, gebaut 1814 im Auftrag der genannten Familie und von ihr ‚Mon Plaisir' genannt. Jetzt erfüllt darin das *Standesamt* (Hochzeitpalais) seine Aufgaben.

Wir verlassen die Lindenallee und fahren durch die Hauptstraße/ ul. Grunwaldzka schon nach Langfuhr/Gdańsk-Wrzeszcz und damit in eines der größten Wohnviertel Danzigs hinein. Beiderseits der Straße stehen einige schöne, auch architektonisch interessante Villen. Von ihnen heben sich viele der nach 1951 erbauten Häuser, die wir dann am Ferber Weg/ul. Ks. Miszewskiego (rechts) erblicken, deutlich ab.

Die Hauptstraße/ul. Grunwaldzka führt uns zu der schönsten Straße von Langfuhr, dem *Jäschkentaler Weg*/ul. Jaśkowa Dolina. Der Name geht zurück auf die bekannte Danziger Familie Köhne-Jaski, der das Gebiet einst gehörte. Die eleganten Villen aus der Wende 19./20. Jh. machen einen Gang durch diese Straße lohnend. In der Nachbarschaft ist ein kleiner Platz, früher Marktplatz und Zentrum von Langfuhr.

Der Ort wird im Jahre 1263 als Siedlung *Vriest* erwähnt, seit 1404 heißt er *Langfuhr*. In der abwechslungsreichen Landschaft erbauten Danziger Patrizier sich ihre Villen; dabei vergaßen sie nicht, sie auch mit schönen Parks zu umgeben. Einiges davon ist heute noch zu bewundern, z. B. ein Gut aus dem 18./19. Jh. in der Nähe der ul. Traugutta 94, ein Herrenhaus im Rokokostil an der ul. Srebrniki 1 und der „Königstalhof" aus der 2. Hälfte des 18. Jh.

Wo die Schienen nach links abbiegen, verlassen wir Langfuhr. Die Straßenbahn fährt jetzt in die Kronprinzallee/ul. Wita Stwosza hinein, die uns direkt zum Zentrum von *Oliva*, dem nördlichen Stadtwohnviertel von Danzig, führt. Links bewundern wir die malerischen Hügel der Danziger Höhe, davor die Schrebergärten und uns am nächsten die Gebäude von Oliva, u. a. die Universität Gdański von 1970.

Zum Ende der Kronprinzallee/ul. Wita Stwosza, bei der Straßenkreuzung mit der Georgstraße/ul. Obrońców Westerplatte, steigen wir aus; wir gehen geradeaus und erreichen das Haupttor des *Schloßgartens*/Park im. A. Mickiewicza, der einst ein paar Jahrhunderte die Zisterzienserabtei umgab.

Abb. 14: Teil des Stadtplanes von Oliva. —— Eingang zum Park; (1) Kathedrale; (2) Dreifügeliges Gebäude des ehemaligen Zisterzienserklosters;
(3) Klosterwehrmauer vom Beginn des 17. Jh.; (4) Neu errichtete Gebäude
des Bistums und der Pfarrei; (5) Der mittelalterliche Speicher des Konvents,
heute Pfarrhaus; (6) Ehemalige Klosterschäferei, heute Sitz der Bischöflichen Kurie; (7) Abtschloß, heute Museum; (8) Altes Abtschloß; (9) Speicher
des Abtes aus dem 18. Jh., heute Ethnographisches Museum; (10) Ehemaliger Stall und Pferdewagenräume, heute Lagerplatz des Museums; (11) St.-
Jakobus-Kirche; (12) Torhaus der Abtei, seit 1709 „Pesthaus" genannt;
(13) Klassizistischer Hof; (14) Ehemalige Orangerie, heute Palmenhaus;
(15) Flüstergrotte; (16) Denkmal des Dichters Adam Mickiewicz; (17) Überreste der gotischen Mauer der Abtei; (18) Getreidemühle aus dem 16. Jh.;
(19) Ehemaliges Hotel „Karlshof" von 1816; (20) Alte Giebelhäuser am
ehemaligen Markt von Oliva; (21) Villen, ca. 1900, an der ul. Obrońców
Westerplatte; (22) Statuen der pommerschen Herzöge Swantopolk/Święto-
pełk und Mestwin/Mściwój II., Werke des in Vilnus geborenen und in Danzig wohnenden Bildhauers A. Łosowski; im Park befindet sich eine Ausstellung der zeitgenössischen Danziger Kunst; (23) Kapelle aus dem 18. Jh.
(nach 24, S. 187)

128

Oliva war viele Jahrhunderte lang eine selbständige Gemeinde, erst aufgrund finanzieller Schwierigkeiten wurde es 1926 der Stadt Danzig eingemeindet.

Geschichte von Oliva

Schon 2500 v. Chr. bewohnten Menschen der ostpommerschen Kultur dieses Gebiet; sie bestatteten ihre Toten in Kistenurnen. Die erste schriftliche Urkunde stammt aus dem Jahr 1188; in ihr vollzog der pommersche Herzog Sambor I. *in loco qui olyua dicitur* (an der Stelle, die Oliva heißt) die Stiftung des Klosters der aus Kolbatz/Kołbacz berufenen Zisterzienser.

Nach und nach wurden diese Mönche Eigentümer von über 40 Dörfern, einigen Seen, Waldgebieten, Gütern, Mühlwerken und Brauereien. Die Zisterzienserabtei war im 13. Jh. Ziel der Überfälle von heidnischen Pruzzen, später auch von Deutschen Ordensrittern, entwickelte sich aber trotzdem im Bereich der doppelten Mauer aus dem 15. und 16. Jh. (diese Mauern sind zum Teil bis heute erhalten geblieben).

Am Glettkaubach/Potok Oliwski entstanden schon ab dem 13. Jh. zahlreiche Betriebe: eine Getreidemühle, Schmieden, Holzwerke, Pulvermagazine und Ölmühlen, die teils der Abtei, teils Danziger Kaufleuten gehörten. Seit dem 16. Jh. ließen auf den Klosterbesitzungen, vor allem an der Pelonkenstraße/ul. Polanki, Danziger Patrizier zahlreiche Sommerresidenzen, vorzügliche Höfe und ringsum dekorative Gärten entstehen. Bis heute bewundern wir einige zwischen Hügeln liegende Patrizierhäuser aus dem 18. und 19. Jh., die in unserer Zeit meistens von staatlichen Einrichtungen belegt sind. Hier befindet sich auch eine Villa des polnischen Präsidenten Lech Wałęsa.

Unweit der Abtei entstand im Laufe der Zeit eine Dienstsiedlung der Zisterzienserabtei, die nach der Säkularisation des Klosters dem preußischen Staat zufiel.

Der ganze Komplex der Zisterzienserabtei überlebte bis zur Mitte des 19. Jh.; nach der Säkularisation 1831 wurden viele Gebäude des Klosters abgerissen, andere weltlichen Zwecken zugeführt. Die berühmte Zisterzienserabtei wurde nach 645jährigem Bestehen leider aufgehoben.

Die Zisterzienserkirche diente fortan der katholischen Pfarrei, die auf dem Hügel gebaute St.-Jakobus-Kirche wurde Gotteshaus der evangelischen Gemeinde.

Seit der 2. Hälfte des 19. Jh. verzeichnete Oliva einen verstärkten Zustrom von Bewohnern aus Danzig, vor allem von Rentnern, angelockt durch die wunderschöne Lage in Meeresnähe, sowie von Kaschuben, die in der Nachbarschaft Danzigs Erwerbsmöglichkeiten suchten. Diese Bevölkerungsbewegung steigerte sich noch mehr nach 1870, als es die Eisenbahnverbindung Danzig – Oliva – Zoppot und weiter nach Stettin über Köslin gab.

1860 wohnten in Oliva fast 2000 Einwohner, bereits 20 Jahre später waren es schon ca. 3900 und 1900 insgesamt 6471. Nach der Auflösung der Klosterverwaltung entstand hier ein Schulzenamt mit einem ehrenamtlich tätigen Schulzen. Am 1. November 1873 ging das Amt an den Vogt über. Nach und nach wurde Oliva ausgebaut, Wege wurden mit Kopfsteinen gepflastert. Benachbarte kleine Siedlungen wie Pelonken/Polanki wurden zu Oliva eingemeindet.

1873 verlängerte man die Pferdebahn von Danzig bis nach Oliva. Von 1907 an gehörten die an der Ostsee gelegenen Orte Glettkau/ Jelitkowo und Conradshammer/Przymorze zu Oliva. 1901 erfreuten sich die Besucher der Stadt schon an der elektrischen Straßenbahn, die 1908 nach Glettkau, fast direkt bis an die Ostsee, verlängert wurde. In Glettkau baute man 1909 ein Kurhaus, Badekabinen und einen ersten Meeressteg. Die Ortschaft bekam 1907 Gasanschluß, 1911 eine Wasserleitung und 1920 die Elektrifizierung. Oliva erhielt den Status eines Seebadeortes.

Nach dem Ersten Weltkrieg lag Oliva ebenso wie Danzig und Zoppot in den Grenzen der „Freien Stadt Danzig" unter der Aufsicht des Völkerbundes. Bei der Wahl zum Gemeinderat am 14. Dezember 1919 wählte man 17 deutsche und drei polnische Mandanten.

Das Abteischloß wurde in ein Museum umgewandelt, obwohl bereits der Plan des Bürgermeisters Herbert Creutzburg zur Eröffnung eines Casinos ähnlich dem in Zoppot existierte. Dieser Bürgermeister wirtschaftete die Stadtkasse so herunter, daß die Schulden schließlich ca. 400000 Gulden betrugen. Zur Begleichung mußte die Stadt ihre Stadtrechte abgeben und wurde 1926 zu Danzig eingemeindet.

Ein sehr wichtiges Datum in der Geschichte Olivas ist die Gründung der **Danziger Diözese** am 30. Dezember 1925 mit Bischofssitz und zugehörigen Ämtern. Der Papst erhob die alte Zisterzienserkirche zur Kathedrale.

Im Jahr 1945 begann ein neues Kapitel in der Geschichte der Stadt. Nach der Ausweisung der deutschen Bevölkerung besiedelten Polen vorwiegend aus den ehemals östlichen Teilen Polens dieses Gebiet.

Ein Abteischloß fiel dem Feuer zum Opfer. Die Türmchenhelme der Kathedrale wurden ebenso wie der Aussichtsturm auf dem Karlsberg/Pachołek zerstört.

Am Rand der Siedlung Oliva entstanden dann neue Wohnviertel (zwischen Ostsee und dem „alten Oliva": Conradshammer/Przymorze I und II sowie Poggenkrug/Żabianka). Am Ludolfiner Weg/ ul. Czyżewskiego wurde die Sportakademie mit mehreren Gebäuden für Sportveranstaltungen und einem bedeckten Schwimmbad gegründet. Die Danziger Universität entstand an der Südseite des „alten Oliva". In der Nähe richtete man 1966/73 den großen Sportveranstaltungskomplex „Olivia", mit großem Saal für 4500 Zuschauer und u. a. einer Eisbahn, ein.

Im Schloßgarten

Der Schloßgarten/Park im. A. Mickiewicza wurde von zahlreichen Dichtern und Reisenden gelobt. Seit 1955 trägt er den Namen Adam Mickiewicz', des bedeutendsten polnischen Dichters, dessen Büste im Tal „Paradies" aufgestellt ist.

Der Schloßgarten ist seit über 250 Jahren ein Meisterwerk der Gartenbaukunst. Zuerst forsteten hier die Zisterzienser einzelne Bäume und Alleen auf. Seine Blütezeit hatte der Park unter dem Abt J. Rybiński (1740/82), nach dem Bau des Abtschlosses 1754/56. Unter Ausnutzung der alten Grundkonzeptionen (u. a. unter dem Abt Zaleski) entwarf der damalige Gartenarchitekt Kazimierz Dębiński aus Kock einen Prachtgarten, dessen allgemeiner Umriß bis heute bewahrt blieb. Der Garten war als Verzierung des Rokoko-Abtschlosses gedacht. Dies betraf v. a. den Teil des Parkes, der sich vor der Südfassade des Abtschlosses ausdehnte. Eine beträchtliche Vergrößerung erfolgte in der Zeit des Abtes Karl von Hohenzollern (1782/1803), der als Gartenfreund galt. Der von ihm aus Berlin berufene J. F. Saltzmann, Sohn des Architekten, der den Garten von Sanssouci in Potsdam gestaltet hatte, änderte den nordöstlichen Teil des Gartens im englischen Stil ab. Kleine Anhöhen, Täler, Teiche, Brücken, eine Kapelle, ein antiker Tempel, ein Obelisk sowie ein italienisches Sommerhäuschen wurden eingefügt.

Bis heute bewundern wir die beiden Anhöhen „Himmel" und „Hölle"; auf einer von ihnen stand der Wilhelmstempel, zu Ehren des preußischen Königs erbaut. Der Garten erhielt seinerzeit den wohl übertrieben zeremoniellen Namen *Reichsgräflich-Hohenzollernsch-Bischöflich-Culmischer und Abteylicher Lustgarten zu Oliva.*

1893 baute der Abt auf der Anhöhe Karlsberg/Pacholek (101 m) einen Aussichtsturm; er wurde 1945 gesprengt (Der jüngste, 15 m hohe Turm auf dieser Anhöhe stammt aus dem Jahr 1975. Die alten Waldwege zur Höhe hinauf sind leider mit Beton ausgelegt.).

Spaziergang durch den Schloßgarten

Hinter dem Schloßgartentor erreichen wir den Hauptweg des Parkes, der zum Westtor und zur Kathedrale führt. Links bewundern wir den großen, aus dem 18. Jh. stammenden Karpfenteich, heute „Schwanenteich" genannt. An ihm entlang und in Gegenrichtung erstreckt sich die 112 m lange und 15 m hohe *Große Allee*. Nach Osten hin bilden zwei Baumreihen ein Spalier in Form eines romantischen, *„dunklen Tunnels".*

Vom Hauptweg gehen wir zur Großen Allee und biegen bald nach links ab; rechter Hand erfreut uns das schon erwähnte Tal „Paradies", das besonders im Spätfrühling von den malerischen Blüten des Rhododendron und der Azaleen sowie der ringsum wachsenden prächtigen Bäume schimmert (ihre Namen und kurze Beschreibungen auf den Tafeln). Nach dem Verlassen der Allee erfreut das Blumenparterre unsere Augen; an dessen Rand sehen wir die Spitzen der Eiben und beiderseits die Weißbuchenallee. Am Südrand des Blumenbeetes schauen uns die durch A. Łosowski in Granit gehauenen Büsten der pommerschen Herzöge Mestvin II. und Swantopolk an. Auf der Nordseite wird der Blumengarten durch die mit Rokokoschmuck aus dem 18. Jh. verzierte Schloßfassade abgeschlossen. Beim Wiederaufbau nach dem Zweiten Weltkrieg wurde im Schloß erneut ein Musiksaal eingerichtet, in dem zahlreiche Konzerte stattfinden. In den Sälen des Schlosses ist zeitgenössische Kunst ausgestellt.

Durch die Große Allee kehren wir zum Hauptweg zurück, biegen dann nach links ab. Auf der rechten Seite zieht das *Alpinarium* unsere Aufmerksamkeit auf sich, ein Steingarten, angelegt 1912 mit über 2000 Hochgebirgspflanzenarten. Dem Steingarten schließt sich die *Orangerie* aus dem 18. Jh., heute „Palmenhaus" genannt, an, mit Palmen und zahlreichen exotischen Pflanzen unter einer 15 m hohen Kuppel, die in jüngster Zeit nach Auftrag der Parkverwaltung gebaut wurde. Auf der gegenüberliegenden Seite des Hauptweges verbergen sich in einer künstlichen Aufschüttung die *Flüstergrotten*, deren aus Steinblöcken errichtete Muscheln sich exakt einander wechselseitig befinden. So können sich flüsternde Menschen in den Muscheln gegenseitig hören.

Etwas weiter sehen wir einen schönen Wasserfall; er befindet sich an der Stelle, wo früher bis ins 16. Jh. eine der Olivaer Mühlen gestanden hat. Das Wasser der Kaskade fließt vom Großen Teich nach unten; der Teich ist ein erweitertes Bett des Kanals, der 1736 als Abfluß des Glettkauer Baches gebaut wurde. Dieser Bach floß früher durch das Gelände des Klosters, u. a. vor der südlichen Front des Abtschlosses her zum teilweise erhaltenen Küchenteich.

Nördlich und östlich vom Großen Teich dehnt sich der im englischen Stil angelegte Teil des Schloßgartens aus. 1976 stellte man hier zeitgenössische Skulpturen (Galeria Współczesnej Rzeźby Gdańskiej) Danziger Künstler aus.

Wir setzen unseren Gang fort und kommen an dem alten Abteischloß aus dem 15. Jh. (im 18. Jh. ausgebaut, nach dem Brand 1945 restau-

34. Abteischloß und Schloßpark in Oliva

riert) vorbei. Heute ist hier der Sitz von Museumseinrichtungen. Neben dem Gebäude beeindruckt uns die Nordfassade des „neuen" Abtschlosses mit dem Eingang zur Ausstellung für zeitgenössische Kunst. Auf dem Vorplatz erfreut uns das Bild des Rasens mit dem Blumenbeet. Hier war einst die *cour d'honneur* (Ehrenhof) der Abtresidenz. Von der Westseite schließt sich an den Rasen die hohe Mauer von 1600 an, damals Wehrmauer. Darauf erkennen wir Spuren früherer Malereien, Schloßarkaden darstellend. Die Mauern umgeben noch heute die Kathedrale und das ehemalige Kloster von drei Seiten. Über der Mauer bewundern wir den Umriß der Fassade des Presbyteriums der Kathedrale. Die Fassade wird durch Strebebögen gestützt, die sich über das Ambitdach ausdehnen. Die Kathedrale ist mit einem hohen, von einem vergoldeten Kreuz gekrönten Dach bedeckt.

Gerade vor uns sehen wir das barocke Parktor, daneben den ***Abtspeicher*** aus dem Jahre 1723 mit drei Stockwerken, gebaut mit Ziegeln zweier abgerissener älterer Speicher. Seit 1988 ist in diesem Gebäude das ***Ethnographische Museum*** untergebracht; es enthält das nationale Erbe der pommerschen Bevölkerung, vor allem der Kaschuben. Über dem Eingang zum Museum ist das farbige Wappenschild des Abtes Zaleski, der für den Bau dieses Speichers verantwortlich zeichnet, zu sehen.

Besichtigung des alten Zisterzienserklosters

Kathedrale

Papst Pius XI. entließ die katholischen Christen Danzigs durch den Erlaß „Sanctissimus Dominus" am 24. April 1922 aus der Jurisdiktion der katholischen kulmischen und ermländischen Bischöfe. Dann gründete er mit der Bulle „Universa Christi fidelium cura" am 30. Dezember 1925 eine selbständige Danziger Diözese, die direkt der Apostelmetropole und damit dem Papst unterstellt war. In dieser Bulle wurde die Zisterzienserkirche zur ***Kathedrale*** erhoben. Sie darf seit 1976 den Titel ***Basilika minorum*** führen; seitdem erfreut sie sich einiger Liturgie- und Ehrenprivilegien.

An der Stelle der Kirche stand als erstes Bauwerk vermutlich eine Kapelle des Jagdschlößchens der pommerschen Herzöge. Man nimmt an, daß schon seit dem Ende des 12. Jh. hier ein Klosterkirchlein existierte, das im Laufe der Zeit bis zur heutigen Gestalt heranwuchs.

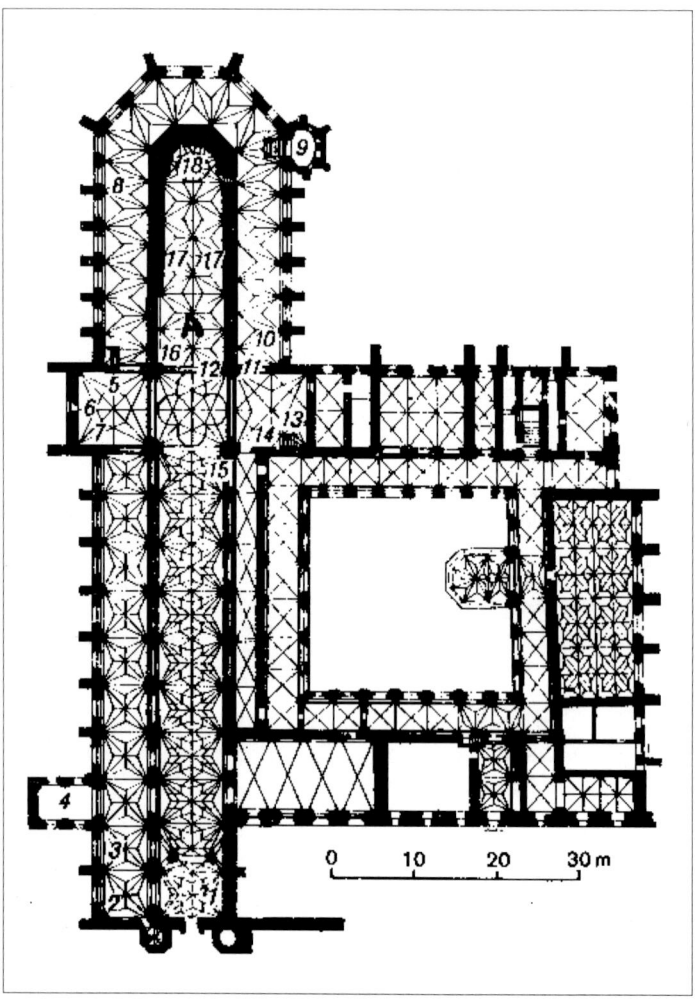

35. Kathedrale in Oliva

Abb. 15 (S. 136): Kathedrale in Oliva, Grundriß. (1) große Orgel; (2) Grabmal der Familie Kos; (3) Altar mit dem Bild der Krönung Mariens; (4) Taufkapelle; (5) ehemaliger Hauptaltar von 1606; (6) Altar Mariä Verkündigung; (7) Verzierte Bank von 1599; (8) Altar der Hl. Drei Könige von 1647; (9) Abtkapelle; (10) Epitaph des Reinhold Heidenstein; (11) romanische Portale; (12) Epitaphien der Olivaer Äbte; (13) Grabmal der pommerschen Herzöge; (14) kleine Orgel; (15) Zugang zum Kreuzgang vom Südschiff aus; (16) Kanzel; (17) Chorgestühl von 1604, oberhalb Bildnisse polnischer Könige und pommerscher Herzöge; (18) Hochaltar von 1688. Erläuterungen zu (1) bis (18) siehe Text. (Quelle: 22, S. 159)

Die dreischiffige Kathedrale mit Querschiff ist ein Basilikabau (Mittelschiff höher als die Seitenschiffe) mit neun Jochen im Hauptschiff (westlicher Gebäudeblock) und sechs Jochen im Presbyterium; dieses wird im Osten von drei Wänden und einem Umgang abgeschlossen. Das Südschiff, wohl eher entstanden als das Nordschiff, hebt sich vom Mittelschiff auch dadurch ab, daß es schmaler und um vier Joche kürzer ist. Das Innere der Kirche hat eine Länge von 97,6 m, die Breite des Hauptschiffs beträgt 8,3 m und seine Höhe 17,7 m. Der Fußboden der Kirche – aus der Zeit um 1634/36 – liegt einen Meter unter dem Niveau des benachbarten Geländes. Außer ein paar Kapellen besitzt diese Kirche an der Nordseite die 1910 angebaute Vorhalle.

Unter dem Presbyterium befindet sich eine 4,5 x 12 m große Krypta. Das Mittelschiff wird von den Nebenschiffen durch reich verzierte Pfeiler mit Halbsäulen getrennt. Diese Säulen haben trapezartige, spätromanische Kapitelle aus der dänischen Architektur.

1186 kam das erste Zisterzienserkonvikt aus Kolbatz in Pommern hierher, dessen Gründung vom Kloster in Esrom (Dänemark) initiiert wurde. Das Gebäude der Zisterzienserkirche nahm, wahrscheinlich schon Ende des 12. Jh., den Platz des vorher bestehenden Fürstenoratoriums mit dem Türmchen ein.

Die Überreste des Oratoriums können wir in den niedrigen Teilen der Wände in zwei Jochen des Presbyteriums sehen; erkennbar sind zwei 1982 freigelegte romanische Durchgänge im südlichen Teil des Umganges. Überrest des Oratoriums ist im nördlichem Teil des Umganges die aus Feldstein gefertigte Untermauerung der Wand.

Der Bau der Kirche erfolgte im 13. Jh. in zwei Etappen. Zunächst entstanden das Oratorium und der südliche Teil des Querschiffes und der sich an das Querschiff anschließende Teil des Klosters sowie der nördliche Teil des Querschiffes mit vier jetzt nicht mehr vorhandenen Kapellen aus dem 13. Jh. Zu dieser Zeit errichtete man auch vier Joche des westlichen Hauptkorpus der Kirche. Anschließend wurde das Presbyterium ebenso wie das Schiff um zwei Joche verlängert – wahrscheinlich nach den Zerstörungen durch Pruzzen und Deutsche Ordensritter.

1350 fielen Kirche und Kloster einem Brand zum Opfer. Erst danach baute man sie in der heutigen Gestalt, die mit ein paar Änderungen (Ausbau des Nordschiffes, Bau des Umganges [Ambit] um das Presbyterium, Erhöhung des Hauptschiffes und des Querschiffes um 5 m) bis heute blieb. Das Presbyterium deckte den Umgang und das Nordschiff ein gotisches Gewölbe ab.

1577 war das Gotteshaus erneut Opfer eines Brandes (gelegt von Danziger Bewohnern). Beim Wiederaufbau 1579/82 überwölbte man Haupt- und Querschiff und schmückte 1594 die Gewölbe mit vergoldeten Sternchen und Rosetten; die Schlußsteine bekamen Wappenschildverzierung. Um 1600 schlug man zwei Durchgänge vom Hauptschiff zur Marienkapelle. Diese Kapelle erhielten die älteren Mitglieder des Ordens. 1612 setzte man die Taufkapelle an das Nordschiff. Die jüngste Instandsetzung dieses Gotteshauses erfolgte 1982. Wegen ihrer Rokokoverzierung, die Abt J. Rybiński in Auftrag gab, ist die Heilig-Kreuz-Kapelle, auch Abtkapelle genannt, im südlichen Rundgang beachtenswert. In ihrer Krypta fanden die Danziger Bischöfe ihre Ruhestätte.

Kunstwerke im Innern der Kathedrale

Hinter dem Westtor des Schloßgartens laufen wir in einem Gäßchen an der schon erwähnten Mauer von ca. 1600 entlang. Oben sehen wir die Schießscharten, die wahrscheinlich nie benutzt worden sind. In der Mitte der Mauer befindet sich ein Tor, durch das wir das Nordschiff der Kathedrale betreten können. Vor kurzem baute man an der Mauer ein Pfarrhaus mit Kanzlei.

Weiter, an der Ecke der Mauer, blicken wir auf einen basteiartigen Bau, daran vorbei kommt man in den Hof vor der Kathedrale und kann die Westfassade des Domes bewundern.

Ein dem heutigen Aussehen ähnlicher Entwurf entstand unter dem Abt Rybiński in den Jahren 1770/71.

Den 46 m hohen Türmen mit einem Treppenhaus im Innern setzte man spitze Helme auf; der jüngste stammt aus dem Jahre 1971. Die Helme sind jeweils 13,5 m hoch, auf jedem steht ein Kreuz.

Die Gesamthöhe dieser Konstruktion beträgt 18 m. Die Daten auf den Fahnen weisen auf die Jahre 1771 und 1971 hin.

36. Romanischer
Giebel des südlichen
Querschiffes und
Helme der Kathedrale
von Oliva

In der das Nordschiff abschließenden Wand sehen wir deutlich einen ehemaligen Nebeneingang zur Kirche, der einst der weltlichen Bevölkerung den Zutritt erlaubte, als der Westteil der Kirche für sie zugänglich gemacht wurde.

Den Haupteingang schmückt ein prächtiges, barockes ***Portal von 1688***, gestiftet von Abt M. A. Hacki. An den Südturm schließt sich die starke Wand der ehemaligen Klosterbrauerei an; das Gebäude selbst wurde im 19. Jh. abgerissen.

Im oberen Teil des Portales der Kathedrale gibt eine Tafel in lateinischer Sprache Auskunft über die Geschichte dieser Kirche.

Durch die rechte Tür mit der hölzernen ***Rokokoumrahmung*** betreten wir das ***Innere der Kathedrale***. Jetzt beeindruckt uns das äußerst schmale Hauptschiff; es hat keine Wandmalereien; nur einige ältere Bilder aus dem 17. und 18. Jh. zieren die Wände.

Unseren Rundgang beginnen wir im Nordschiff, wo sich an der

Westwand, neben der Tür mit Treppenaufgang zum Orgelprospekt, das *Grabmal der Familie Kos* (2) befindet, angefertigt von W. v. d. Blocke. Seinen oberen Teil bildet das Epitaph des Abtes Feliks Kos aus Pelplin, verstorben während der Besichtigung des Zisterzienserklosters in Oliva; es wurde 1618 ebenfalls von W. v. d. Blocke geschaffen. Unten, auf der mit dem Wappenfries verzierten Platte, knien die pommerschen Ritter Mikołaj Kos († 1599) und sein Sohn († 1620), gegenüber Mikołajs Frau, Justyna von Konarski, und neben ihr deren gemeinsamer, 1581 verstorbener Sohn Jaś.

Das Grabmal gegenüber enthält den marmornen *Allerheiligen-Altar* (3) von 1653 mit dem wertvollen Bild des H. Han (1624). Insgesamt gibt es 19 Altäre dieser Art in der Kathedrale, die meisten gestiftet von den Äbten des Zisterzienserklosters in Oliva und mit ihren Initialen versehen. Vor vielen dieser Altäre stehen Renaissancebänke

37. Barockportal der
Kathedrale von Oliva

141

38. Hauptschiff der
Kathedrale von Oliva

von 1613. Im Fußboden sind Grabplatten der Zisterzienser einge-
mauert.

Gleich hinter dem Allerheiligen-Altar liegt der Eingang zur *Tauf-
oder St.-Johann-Nepomuk-Kapelle* (**4**), die Gestalt Nepomuks ist
auf dem Relief des Hauptaltarbildes zu sehen. Die Rokokoausstattung dieser Kapelle stammt von 1745 (Inschrift an der Südseite). Die
jüngste Restaurierung erfolgte 1979.

Während wir weitergehen, werden wir auf die *gotische Inschrift* an
den Pfeilern aus der 2. Hälfte des 14. Jh. aufmerksam. Die Inschrift
erinnert an die Einweihung des Altars 1386.

Im nördlichen Querschiff befindet sich der 1688 hier aufgestellte,
ehemalige *Hochaltar zur Dreifaltigkeit* (**5**) von 1604/06. Er wurde,
wie die Niederschrift in der Klosterchronik besagt, 1606 von dem
Danziger Künstler Wolfgang Sporer (Spor) ausgemalt und mit Gold
geschmückt.

Er ist ein sehenswertes Werk aus der Nordrenaissance (Manieris-
mus), reich an prächtigen Reliefs und Figuren. Der Altar entstand
unter dem berühmten Abt D. Konarski; er hat sich um die Ausstat-

142

tung der Kirche mit wertvollen Kunstwerken verdient gemacht. Die gründliche Instandsetzung geschah 1984.

Dem Altar gegenüber steht eine mit wertvollen Reliefornamenten und Flachrelieffiguren *verzierte Bank (7)* von 1599. Vor dem *barokken Altar* von 1635 (6), gestiftet von Abt J. Grabiński, ist in Fußbodenhöhe die Grabplatte (17. Jh.) der Äbte Jan und Alexander Grabiński eingelassen.

Im Chorumgang (Ambit) um das Presbyterium hat der Abtsthron von 1730 seinen Platz.

Außer dem *Altar der Hl. Drei Könige* (8) bewundern wir im anderen Teil des Umganges Fragmente der Wandmalerei, die bei den jüngsten Restaurierungsarbeiten freigelegt wurden.

Links sehen wir das gemauerte Portal des Durchganges von der Kirche zum Schloß und weiter die Heilig-Kreuz-Kapelle (*Abtkapelle*) (9) und den Abstieg zur Krypta mit den Särgen Danziger Bischöfe.

Beachtenswert ist auch der Baldachin; der Legende nach stickte ihn die schwedische Königin Christine nach ihrer Abdankung und ihrem Umzug nach Rom. Damit wollte sie eine Wiedergutmachung für die Klosterplünderung durch das schwedische Heer unter ihrem König Gustav Adolf in der Mitte des 17. Jh. leisten.

An der Wand hängt eine Renaissancetafel aus dem 16. Jh., die die Einführung der Zisterziensermönche in das Kloster durch Herzog Sambor I. im Jahre 1186 zeigt. Gleich daneben sehen wir das *Epitaph des Reinhold Heidenstein* (10) und seiner Frau mit ihren Porträts, gemalt ca. 1620 von H. Han. Dem Grabmal von J. Hülsen (1760, von J. H. Meissner) gegenüber befindet sich ein weiterer Baldachin aus dem 17. Jh.

In architektonischer Hinsicht äußerst interessant sind zwei *romanische Durchgänge* (11), deren Zweck bis heute nicht bekannt ist; wahrscheinlich waren sie mit dem Oratorium von ca. 1200 verbunden. Ein Durchgang könnte zum Türmchen an der Ecke des Tempels geführt haben.

Nach dem Verlassen des Umganges erreichen wir den südlichen Teil des Querschiffes, aus dem wir durch das *marmorierte Portal* von 1632 zur Sakristei gehen können. Das andere Portal (1636) führt

39. Südliches
Querschiff der
Kathedrale von
Oliva

zum Treppeneingang des damaligen Dormitoriums (Schlafsaal) der Zisterziensermönche.

Auf der Balustrade steht eine geschnitzte Holzfigur eines Zisterziensers. Die zurückweisende Bewegung der rechten Hand dieser Figur versinnbildlicht, daß das Kloster unter Klausur steht und der Zutritt für Laien nicht gestattet ist.

Oben an der Wand ist die wunderschöne, mit Relief und Malerei verzierte **Tafel zur Dreifaltigkeit** zu sehen. Am Fuße des St.-Josef-Altars von 1636 steht der aus Marmor angefertigte **Sarkophag berühmter pommerscher Herrscher und Fürsten** (**13**), die sich um die Stiftung dieser Kirche verdient gemacht haben. Er trägt die lateinische Inschrift: *SEPULCHRUM ILLMORUM DUCUM AC PRINCIPUM POMERANIAE FUNDATORUM HUIUS DOMUS.* Gestiftet wurde er 1615 von **Abt D. Konarski**, dessen reich geschmücktes Epitaph mit seinem Porträt wir am südlichen Pfeiler beim Eingang zum Presbyterium finden. Sein Bildnis ziert sein Wappenschild „Ossoria" mit der vom Papst erhaltenen Bischofsmütze und weiter unten die Biographie des 1616 Verstorbenen.

Oberhalb dieses Epitaphs befindet sich ein ebenso wertvolles Epitaph des **Abtes K. Geschkau**, gestorben 1584. Er ist unten in einem

144

kleinen Gemälde mit dem Titel „Das Jüngste Gericht" abgebildet. In der anderen Ecke des Presbyteriums weckt die vergoldete und mit Rokokoelementen verzierte *Barockkanzel* (16) unser Erstaunen. Sie stiftete Abt J. Rybiński in der 2. Hälfte des 18. Jh.

Wir gehen ins *Presbyterium* hinein und stehen dann vor dem monumentalen *Hochaltar* (18), gestiftet im Jahre 1688 von Abt A. Hacki (vermutlich ein Werk des berühmten Meisters Andreas Schlüter). Dieser Altar gehört zu den großen Kunstwerken der Barockzeit und ist in seiner Art einzig in Polen. Auf den hohen Sockel stellte der Künstler im Halbkreis 14 schwarzglänzende, aus Sandstein gewonnene Säulen, deren korinthische Kapitelle eine geschmückte Balkenlage tragen.

Unser Blick wird zunächst gefangen durch das Bild, das Mittelpunkt des Altares ist. A. Stech hat es geschaffen, es stellt die Schutzheiligen dieser Kirche dar: die Jungfrau Maria und den hl. Bernhard, der am Fuße der leuchtenden „Himmelssphäre" betet. Weiter unten im Gemälde erkennen wir das Zisterzienserkloster und die in weiße Kutten gekleideten Zisterziensermönche, zwischen denen in roter Bekleidung Abt Hacki kniet. Über der Balkenlage prangt ein barockes Meisterstück: ein goldgrüner, von Engeln aufgeschlagener Vorhang. Links ist unter vielen himmlischen Wesen Christus und über

40. Sarkophag der pommerschen Herzöge im südlichen Querschiff

ihm der Heilige Geist in Gestalt einer Taube zu sehen. Ihnen gegenüber stehen zahlreiche Persönlichkeiten aus dem Alten Testament, unter ihnen Moses, der die Tafeln mit den Zehn Geboten in seiner Hand hält. Diese Komposition schließt in der Tiefe mit dem Glasfenster, die Dreifaltigkeit darstellend, ab. Es entstand 1945 nach einem Plan der bekannten polnischen Künstlerin Z. Baudoin de Courtenay.

In der Nähe des Hochaltars stehen zwei Gruppen **Chorgestühl (17)** (1604); sie stammen aus hiesiger Werkstatt und sind reich an Flachreliefs mit zahlreichen Ornamenten und figürlichen Darstellungen. Diese Stallen (Chorgestühl) standen früher im Mittelschiff und waren für die Mönche bestimmt. Nach der Säkularisation gerieten sie in den Kreuzgang, wo sie z. T. der Zerstörung anheimfielen. Die übriggebliebenen Stallen wurden erst 1889 dank der Initiativen der Künstler J. C. Schultz, R. Freytag sowie anderer Kunstliebhaber rekonstruiert und zum Hochaltar verbracht.

Die kunsthistorisch wertvollsten Stücke der Kirche sind die 1613 von H. Han geschaffenen **Porträts der Stifter und Wohltäter.** Diese Werke bestellte Abt David Konarski als Ersatz für frühere, weniger wertvolle Porträts aus dem 16. Jh. Von rechts nach links sind zu sehen: Subislav; Sambor I., der Gründer des Zisterzienserklosters († 1207); Mestvin I. (1207/1217); Swantopolk († 1266); Mestvin II. († 1294). Unter jedem Porträt ist ein Greif zu sehen – man nimmt an, daß er das Wappen der pommerschen Herzöge ist. Der oben kniende König ist Stefan Batory, dem es zu danken war, daß nach dem Brand Kirche und Kloster im Jahre 1577 wiederaufgebaut wurden.

An der Südwand bewundern wir die Bildnisse der Klosterwohltäter (v. l. n. r.): Herzog Przemysł II., Wenzel II. (König von Polen und Böhmen), Władysław Łokietek (unter ihm die Inschrift „*Rex Poloniae alias Lokecz*"), Waldemar v. Brandenburg, Winrich v. Kniprode (Hochmeister des Deutschen Ordens), König Kazimierz der Jagiellone. Diese Gruppe wird von König Sigismund III. Wasa überragt.

Vom Presbyterium gehen wir zum **Südschiff** aus der 1. Hälfte des 13. Jh. Mit seinem **Kreuzgewölbe** auf Rippen ist es das älteste

Sakralgebäude in Danzig. An der Wand stehen *Grabplatten der Olivaer Äbte* (12) und weltlicher, aus dem pommerschen Adel stammender Personen; die Platten wurden 1970 aus dem Fußboden aufgenommen und hierher versetzt.

Vom Südschiff führen *zwei Durchgänge* (15) zum Kreuzgang. Neben dem westlichen Durchgang ist eine *Tafel* zu Ehren des ersten Danziger Bischofes der Danziger Diözese, *E. O'Rourke* (verstorben in Rom 1943) angebracht. Erst 1972 wurde sein Leichnam in der Krypta unter der Abtkapelle beigesetzt.

Jetzt kehren wir zum Mittelschiff zurück und gehen zur *weltberühmten Orgel* (1); höchste Klangqualität zeichnet sie aus, aber auch der Rokokoorgelprospekt mit seiner einzigartigen Architektur sowie ein ganzes Figurentheater mit Posaunen spielenden Engeln, sich drehender Sonne und Sternen und klingelnden Glöckchen sind bemerkenswert. Das Instrument verfügt über 110 Register und 7876 Pfeifen, die zum größten Teil im Innern des Klangapparates versteckt sind.

Der Erbauer dieses hervorragenden Instruments war *Johann Wulf* aus Wormditt/Orneta. Zuerst baute er im Auftrag des Abtes Rybiński eine *kleine Orgel (14)*, die über der zum Südschiff führenden Arkade ihren Platz bekam. Nach ihrer Fertigstellung 1763 verreiste Wulf, um in verschiedenen Orgelmeisterwerkstätten zu lernen. Als er zum Kloster nach Oliva zurückkam, legte er als Zisterziensermönch (Bruder Michał) die Gelübde ab und baute anschließend in 25 Jahren die große, mächtige Orgel. Der Legende nach wurde Johann Wulf durch die Qualität dieser Orgel so überwältigt, daß er, als er nach den vielen Jahren Arbeit an dem Instrument dessen Klang zum ersten Mal hörte, einen Herzinfarkt bekam und verstarb. R. Dalitz beendete dann die Arbeiten.

Die polnische Dichterin Maria Konopnicka schreibt in ihrem Gedicht: „*Mächtige Orgel im benachbarten Oliva, wenn sie klingt, hält das Meer und beruhigt sich bis auf die Putzigbucht und hört die Orgelmusik.*"

Den Orgelprospekt, der als bildsame Dichtkunst betrachtet wird, schufen 20 Schnitzmeister der Rokokoepoche aus der Werkstätte des Klosters.

Das Instrument wurde einige Male gründlich renoviert, zuletzt 1966/67; zu dieser Zeit fügte man noch das Positiv (Spielmechanismus) mit 725 Pfeifen hinzu; es ist sichtbar in der Westarkade zwischen Mittel- und Nordschiff; angefertigt wurde es von der Warschauer Firma „Z. Kamiński und Söhne". Die kleine Orgel bekam eine Kabelverbindung mit der großen.

Besucher der Kirche erfreuen sich an den zwanzigminütigen Konzerten, aber auch daran, daß zu dieser Zeit Sonne, Sterne und Engelstrompeten in Bewegung gesetzt werden. Bei Beginn eines Konzertes schließen sich die Türen der alten Zisterzienserkirche, dann erschallen die außergewöhnlichen, überwältigenden Klänge …

Hier wird im Sommer auch das Internationale Festival für Orgelmusik abgehalten, dessen Konzerte stets ausverkauft sind und zu dem Künstler aus der ganzen Welt engagiert werden.

Im Kreuzgang und Speisesaal (Remter) des Olivaer Klosters

Der Bau des Zisterzienserklosters begann ab der Mitte des 13. Jh., wahrscheinlich mit dem östlichen Flügel, der mit dem Querschiff verbunden war.

In diesem östlichen Flügelbau richtete man den Speisesaal, später Kapitelsaal, ein; auf dem ersten Stockwerk entstand der Schlafsaal, zugänglich über eine später eingesetzte Treppe vom Querschiff aus. Nach dem Brand 1350 bauten die Mönche das Kloster aus. Damals entstanden der Südflügel mit dem großen Speisesaal und der Westflügel für die Mönche ohne Gelübde, die eine Hilfsfunktion in der Verwaltung und Wirtschaft ausübten, also die Mönche ohne Priesterweihe. In diesem Flügel waren auch der Winterspeisesaal, die Küche und andere Räume untergebracht. Drei Klosterflügel sowie die Kirche umschlossen den für Klosterbauten typischen *Kreuzgang* aus der 2. Hälfte des 14. Jh. In der Mitte des Kreuzganges entstand der quadratische Lustgarten. Beide waren eine Ruhezone für die Zisterziensermönche. Vom Kreuzgang führen zwei *Steinportale* von 1660 zur Kirche.

Im Ostflügel beeindruckt das aus Holz angefertigte *barocke Portal*, eingefaßt von einem gotischen Portal zum Eingang zur zweiten

Sakristei (einst zum *Kapitelsaal*). Vom südlichen Kreuzgang kommen wir durch das *Steinportal* (1689) zum ehemaligen Großen oder *Sommer-Klosterspeisesaal*. Er hat ein zweischiffiges Inneres (9,5 x 22 m) aus dem 14. Jh. Das vom Danziger Baumeister Piper 1594 angefertigte Gewölbe stützt sich auf drei aus Sandstein gehauene Säulen.

Im diesem Speisesaal sehen wir zahlreiche Bildnisse der Olivaer Äbte; es fehlt das Porträt des letzten Abtes, J. Rybiński; unter dem leeren Bildnisfeld ist hier nur die Inschrift zu lesen: *„Olivam feliciter gubernans"* („Oliva glücklich regierend").

Oberhalb dieser Porträts sind Szenen aus dem Leben des hl. Bernhard, des Gründers des Zisterzienserklosters in Clairvaux in Frankreich, dargestellt. Gegenüber befindet sich an der Stelle des aus dem 14. Jh. stammenden Waschraums der Mönche *die Kapelle*. 1965 stellte man in dieser Kapelle eine Holzskulptur Christi auf.

Vom westlichen Kreuzgang kommen wir durch das gotische Portal in den Winter-Speisesaal, genannt *Friedenssaal*. Die Geschichte bezeichnet, daß hier vom 2. auf den 3. Mai 1660 der Friedensvertrag zwischen Polen und Schweden unterzeichnet worden sei, mit dem das Kriegsende der sog. „Schwedischen Flut" über Polen besiegelt wurde.

Der Große und der Kleine Speisesaal dienen heute als *Diözesanmuseum*, eröffnet 1975. Im Friedenssaal sind Sakralkunstwerke aus der Zeit des 15. bis 18. Jh. ausgestellt. Der Große Speisesaal enthält wertvolle Kunstgewerbegegenstände (Goldschmiedekunst, z. B. Kelche aus dem 15.–19. Jh., wertvolle Reliquiarkreuze, das älteste von 1405, sowie gestrickte Meßgewänder). Außerdem sehen wir alte Druckschriften, u. a. ein aus dem 17. Jh. stammendes Brevier, ein Altes Testament in hebräischer Sprache, Medaillengegenstände und andere Zeugnisse aus der Vergangenheit.

Die Bildnisgruppe aus dem 16. und 18. Jh. gehört ebenfalls zu den Sammlungen. Schön gestaltete Kragsteine der Rippen des Gewölbes aus dem 14. Jh. sowie die Marmortafel im nördlichen Kreuzgang mit der Inschrift zur Unterzeichnung des Friedensvertrages zwischen Polen und Schweden 1660, gestiftet von dem zu dieser Zeit regierenden Abt A. Kęsowski, vervollständigen den Eindruck.

Unweit der Kathedrale erhebt sich auf einer kleinen Anhöhe die von den Zisterziensern für die Bewohner Olivas und Umgebung erbaute *St.-Jakobus-Kirche*. Bis 1831 diente sie katholischen Christen, danach bis 1920 evangelischen Christen als Gotteshaus und von 1920 bis 1945 als Begräbniskapelle. Nach dem letzten Krieg wurde sie renoviert und der katholischen Gemeinde zurückgegeben.

Die zweischiffige St.-Jakobus-Kirche hat einen niedrigen Turm mit einem Barockhelm aus dem Jahre 1709. Ihre heutige Gestalt erhielt sie (nach dem Brand 1577) in der 1. Hälfte des 17. Jh. Die Spuren an der Mauer weisen darauf hin, daß die Kirche einst dreischiffig war. Im Innern erfreut uns die unter Abt J. Rybiński angefertigte Rokokoausstattung (Altar, Kanzel, Beichtstühle).

Auf dem Gelände der ehemaligen Abtei treffen wir auf ein paar weitere Sehenswürdigkeiten; zu ihnen gehört die ehemalige *Schäferei*/Szafarnia an der Klosterstraße/ul. Cystersów Nr. 15 aus der 2. Hälfte des 15. Jh., deren erstes Stockwerk im 17. Jh. gebaut wurde. Im umgestalteten Haus befanden sich Klosterdruckerei (von 1668 bis 1740), Apotheke, Klostergericht und Wohnungen. Nach der Säkularisation waren hier eine Schule und Wohnungen für Priester untergebracht. Seit dem jüngsten Wiederaufbau 1959 dient es als Sitz der Bischöflichen Kurie.

Wir gehen von hier durch eine kleine Gasse an dem neuen Sitz der Kurie (1992 noch im Bau) vorbei und erreichen das älteste noch bewohnte Wohnhaus von Oliva, das *Abteitorgebäude* aus dem 14. Jh., gelegen am Alten Markt (ul. I. Armii Polskiej 14 a). Hier hatte früher der Klostervogt seinen Sitz. Auf dem ersten Stockwerk war die St.-Bernhard-Kapelle eingerichtet.

Das Gebäude mit Durchfahrt (innerhalb dieses Abteitorgebäudes) wurde *Torhaus* oder Großes Tor genannt, nach 1709 *Pesthaus*. Zur damaligen Zeit wütete hier eine große Pestepidemie. Das Zisterzienserkloster war geschlossen, nur die St.-Bernhard-Kapelle war den Gläubigen zugänglich. Hier hielt sich immer ein Mönch aus dem Kloster zur seelsorgerischen Betreuung auf. Als neun Zisterzienserpriester infolge der Pest verstorben waren, bekam dieses Gebäude den Namen „Pesthaus". Im 19. Jh. übte ein Schulze hier sein Amt aus. 1836 baute man das Innere des Abteitorgebäudes aus. Bis 1910 war hier der Sitz der Gemeindeverwaltung; die St.-Bernhard-Kapelle wurde aufgelöst.

Bei der letzten Renovierung beließ man die gotischen Strebepfeiler und Nischen sowie die aus dem 18. Jh. stammenden Sonnenuhren. Jetzt hat hier erneut die Verwaltung ihren Sitz.

1,5 km vom Zentrum Olivas entfernt befindet sich eine einzigartige *Wasserschmiede*/Kuźnia Wodna am Schwabental/ul. Bytowska 1; sie war einst das größte der insgesamt 24 Wassermühlenwerke von Oliva und stammt aus der 2. Hälfte des 16. Jh. 1597 erwarb sie der Abt D. Konarski für den Zisterzienserkonvent; die Mühle brachte dem Kloster großen Gewinn.

Noch 1830 bearbeitete man hier 186 Tonnen Eisen. Die Wasserschmiede arbeitete bis 1947; nach der vom Muzeum Techniki NOT in Warschau durchgeführten Instandsetzung ist hier seit dem 17. Juni 1978 ein Museum untergebracht. Die alte Wasserschmiede führt vor, wie früher gearbeitet worden ist, und stellt kleine Souvenirs für die Touristen her. Die Schmiede ist vom Olivaer Rosengarten/ul. Kwietna in Richtung Schwabental/ul. Bytowska zu erreichen.

Hinter dem Namen Schwabental verbirgt sich das traurige Schicksal des Danziger Weinschreibers Jakobus Schwabe. Er war der Besitzer der Mühle und des Hofes an der Stelle des heutigen Schlößchens aus dem 18. Jh. Angeblich aufgrund finanzieller Schwierigkeiten raubte er Gelder aus der Stadtkasse. Als der Skandal ruchbar wurde, nahm er sich im Jahre 1615 das Leben. Daher erhielt das Tal und das Gebiet oberhalb des Glettkau-Baches seinen Namen.

In der Nachbarschaft der Wasserschmiede ist ein alter *Hof* aus dem 18. Jh. erhalten geblieben. Hier gibt es auch zahlreiche, im 18. und 19. Jh. erbaute Patrizierhäuser an der Pelonkenstraße/ul. Polanki zu bewundern.

Oft besucht wird auch der in einem ausgedehnten eiszeitlichen Tal gelegene *Zoologische Garten*. Er gehört zu den schönsten in Europa. Angelegt wurde der Zoo 1954 auf einem Wald- und Parkgebiet mit einer Fläche von ca. 100 ha; einverleibt wurden ihm auch ein paar

Gebäude der alten *Strauchmühle* und die in der 2. Hälfte des 19. Jh. erbaute *Pension*.

Die herrliche, den Anforderungen an die moderne Tierhaltung gerecht werdende Gestaltung der Anlage bietet den Tieren Lebensbedingungen, die den natürlichen sehr nahe kommen. Hier leben über 860 Exemplare von 94 Arten aus allen Erdteilen. Sie haben eine gute Kondition und erfreuen sich eines langen Lebens. Die hier geborenen exotischen Tiere werden in ihre Heimatländer exportiert und gegen junge ausgetauscht.

Man erreicht den Zoo von Oliva aus im Sommer mit dem Bus Nr. 122 (die Straßenbahnhaltestelle ist an der Straße ul. Obrońców Westerplatte).

Für Ruhe und Erholung empfehlen wir den Besuch der 3 km von Oliva entfernt gelegenen Ortschaft *Glettkau*/Jelitkowo. Hier genießen wir den an der Ostsee gelegenen Park, den breiten Strand und die Ostsee. Restaurants und ein paar Kioske sorgen für das leibliche Wohl. Seit dem Sommer 1992 ist das Baden hier wieder erlaubt.

Olivas Schätze haben einst den berühmten Weltreisenden und Naturforscher Alexander von Humboldt dazu bewogen, Oliva einen der drei schönsten Orte der Welt zu nennen.

Mit dem Ort Oliva sind auch einige Legenden verbunden.

Eines Tages war der pommersche Herzog Subislav mit seinem Gefolge aus der Wallburg in Danzig zur Jagd in das große Waldgebiet bei Oliva aufgebrochen. Dabei ritt er so weit, daß er seine Leute aus den Augen verlor. Auf einer kleinen Wiese sah der Herzog einen großen Keiler, der aus dem Wald auf ihn zu rannte. Als der Herzog seinen Spieß auf das Tier schleudern wollte, sprang sein Roß zur Seite, so daß er zu Boden fiel und sich verletzte.

Als er schon alle Hoffnung auf Rettung verloren hatte, raschelte es im Busch, und ein alter Mann trat hinzu. Der Eremit, der unweit eine Hütte bewohnte, verband des Herzogs Wunden und brachte ihn zum Eremitenhaus. Hier braute er ein Kräutergetränk (u. a. aus Blaubeeren und Ästen). Der Herzog nahm es, schlief ein und träumte, auf der Wiese eine „leuchtende Figur" mit gefalteten Händen und darin

einen Ast eines Olivenbäumchens zu erkennen. Er sah sich nieder-
knien. Der Engel sagte, er solle sein Heidentum aufgeben und sich
zum Christentum bekehren, nach den Prinzipien, die ihm der Eremit
mitteilen würde.

Als der Herzog erwacht war, stand vor ihm sein Helfer mit einem
Kreuz in den Händen. Subislav hörte die Lehre über Christus von
dem Eremiten; dann entschloß er sich, den christlichen Glauben
anzunehmen und sich taufen zu lassen.

Nach der Rückkehr zu seiner Wallburg in Danzig empfahl er die
Taufe und die Bekehrung zum Christentum. An der Stelle seiner
Errettung ließ der Herzog eine Kapelle bauen. Sein Sohn Sambor I.,
Herrscher über das an der Weichsel gelegene Pommern, stiftete
später das Zisterzienserkloster.

Eine zweite Legende handelt vom „Teufelsstein".

Im Freudental, etwa 700 m westlich der letzten Häuser von Oliva,
liegt oberhalb des Kohlenweges auf dem Teufelsberg (145 m) ein in
zwei Teile zerbrochener Findling, der Teufelsstein.

Der kaschubischen Legende nach saß auf diesem Stein eines Tages
ein armer Tagelöhner aus dem nahe gelegenen Dorf Klukowo und
sprach zu sich selbst über sein schweres Leben. Auf einmal sah er ein
kleines Männchen in sehr enger, schwarzer Bekleidung. Dieses
hörte sich alles über sein schweres Leben an und eröffnete dem
Tagelöhner, daß er zehn Jahre lang in Saus und Braus leben könne,
wenn er ihm danach seine Seele abgäbe. Der Arme stimmte dem
Teufel zu und unterschrieb den Pakt mit Blut aus seinem Herzfinger.
Zehn Jahre später kam der Kaschube zu diesem Stein, an dem der
Teufel bereits auf ihn wartete. Er schlug Satan ein Kartenspiel vor.
Gewänne der Teufel, bekäme er seine Seele und die seiner Frau
dazu, verlöre der Teufel, wäre seine Seele frei.

Als Satan das Kartenspiel verloren hatte, wurde er so wütend, daß er
das Gestein in zwei Teile spaltete und im Weglaufen auch zahlreiche
Bäume abbrach ...

AUSFLÜGE IN DIE UMGEBUNG

Danzig/Gdańsk – *Zoppot*/Sopot (11 km) – *Gdingen*/Gdynia (21 km) – *Putzig*/Puck (48 km) – Władysławowo (59 km) – Jastarnia (80 km) – *Hela*/Hel (94 km).

Vom Stadtgraben/ul. Podwale Grodzkie fahren wir zuerst von Danzig/Zentrum Gdańska aus in Richtung Gdynia. Hinter dem Viadukt Błędnik/Labyrinth nehmen wir die Große Allee/Aleja Zwycięstwa und erreichen Langfuhr/Wrzeszcz und weiter Oliva/Oliwa.

Hinter dem letzten Haus von Oliva sehen wir links das im Bau befindliche Radio- und Fernsehgebäude, weiter das Sportgelände mit der *Sportakademie*. Etwas weiter taucht das in einem Park gelegene Tuberkulosekrankenhaus auf.

Dann fahren wir in die Danziger Straße/al. Niepodległości hinein; sie bildet die Hauptstraße von *Zoppot*, in dem wir uns nun befinden. Auf der linken Seite dehnt sich in den Grünanlagen das Villenwohnviertel (erbaut zum Ende des 19. und zu Beginn des 20. Jh.) aus. Rechts zieht sich parallel zu unserer Straße die Eisenbahnlinie Gdańsk – Gdynia – Szczecin und weiter nach Deutschland hin. Hinter der Bahnstrecke erhebt sich eine bis zu 11 m hohe Böschung, die die Grenze zwischen Ober-Zoppot und Nieder-Zoppot bildet.

Zoppot

Das Seebad Zoppot gilt als die am schönsten gelegene Stadt der polnischen Ostseeküste (mit zahlreichen Hotels, Restaurants, Sandstrand – das Baden ist zur Zeit möglich). Auch für Freunde verschiedener Sportarten wie Segeln, Reiten und Tennis ist diese Ortschaft sehr attraktiv.

Zoppot erfreut sich seit Jahrhunderten seiner wunderschönen Lage am Fuße des bewaldeten Randes der weit nach Osten vorgeschobenen Kaschubischen Seenplatte; hier, an der schönsten Stelle der

154

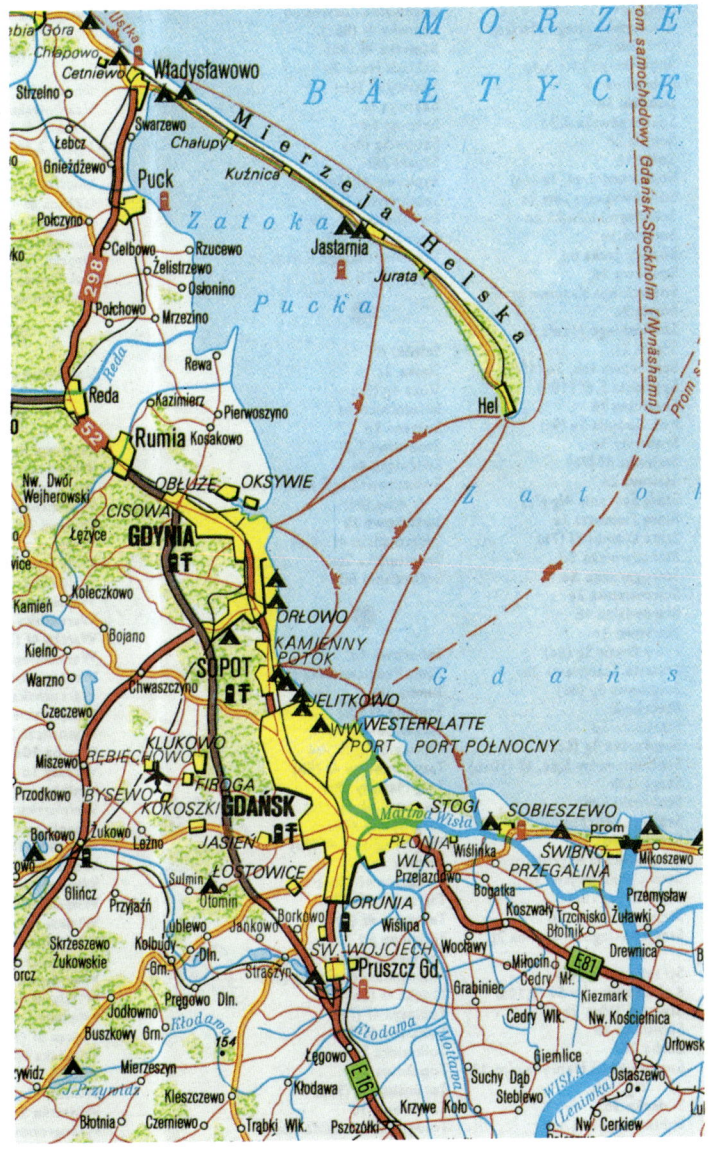

Abb. 16: Karte von Danzig und Umgebung (22, S. 220)

Abb. 17: Stadtplan von Zoppot (Zentrum). (1) Ehemaliger „Französischer Hof", heute Pfarrhaus, ca. Mitte des 19. Jh. Hinter diesem Hof wächst eine 300jährige Eiche. Daneben steht die St.-Georgs-Kirche; (2) Pfarrkirche „Meeresstern"; (3) Neogotische Kapelle von 1870 mit Durchgang zur 1988 errichteten Kirche zu Andreas Bobola; (4) Evangelisch-Augsburgische Kirche; (5) Spanischer Hof von Patriziern aus dem 17. Jh. (nur Erdgeschoß), nach dem 17. Jh. Eigentum der Familie Rexin (Anbau des ersten Stockwerkes), später Eigentum des Grafen Przebendowski; (6) „Taberna Zoppotensis" aus dem 18. Jh.; (7) Klassizistisches Schlößchen von ca. 1800 sowie zahlreiche Villen aus dem Ende des 19. Jh. und Beginn des 20. Jh., zudem alte Fischer- und Ferienhäuser aus der Mitte des 19. Jh. sowie eine Balneologische Anstalt (1903) und Südbaderäume (1907); (8) Nowowiejski-Teich. (Quelle: F. Mamuszka, Plan Sopotu, PPWK Warszawa)

156

Danziger Bucht, dort wo der baltische Höhenrücken sich dem Strande nähert und eine halbe Wegstunde nordwärts steil zum Meer abfällt, erstreckt sich ein breiter Streifen Mischwald hinter Zoppot parallel zum Strand.

Diese Stadt zählt ca. 51000 Einwohner auf einer Fläche von 17,3 km². Sie erreicht sehr unterschiedliche Höhenbereiche von 0 bis 152,8 m. 55,4 % ihrer Fäche nehmen Grünanlagen einschließlich der Wälder und Parks in Anspruch.

Zoppot/Sopot liegt zwischen den beiden Hafen- und Industriestädten Danzig/Gdańsk und Gdingen/Gdynia. Das Seebad bildet mit jenen Städten ein Ballungsgebiet mit 800000 Einwohnern, das im Sommer ein paar Millionen Besucher aus der ganzen Welt anzieht. Zoppot verlor wegen der Wasserverschmutzung vorübergehend als Badeort an Bedeutung. Es ist heute ein Luftkurort; dazu tragen die günstige Sonneneinstrahlung, das in der Seeluft vermehrt vorkommende Jod sowie Phosphorchlorid, Natriumchlorid, Siliziumverbindungen, Kalk und Kalium bei, Verbindungen, die bei der intensiven Brandung freigesetzt werden.

41. Nieder-Zoppot mit Strand und Seesteg

Geschichte

Die ältesten Spuren der Anwesenheit des Menschen stammen aus der Zeit vor 2500 Jahren, der jüngsten Epoche der Eisenzeit. Gefunden wurden Urnen mit der Darstellung von zwei Sternen auf den stark in die Länge gezogenen Hälsen; sie sind jetzt im Danziger Archäologischen Museum zu sehen. Bemerkenswert sind auch die Überreste von hier früher wohnenden pommerschen Einwohnern (8. bis 10. Jh.) und der frühmittelalterlichen Burg (Burghof, Wälle und Burggraben).

Im 13. Jh. war Zoppot in herzoglichem Besitz, den Herzog Mestvin II. am 5. März 1283 dem Zisterzienserkloster in Oliva übergab. An der Spitze des Klosterdorfes stand der Dorfschulze, der ein Siegel mit der Inschrift „*Signatura ruralis sculteti Soppotensis*" („Stempel des Dorfschulzen von Zoppot") benutzte.

Wegen der reizvollen Lage Zoppots erwarben mit Zustimmung des Zisterzienserklosters bereits seit dem 16. Jh. Patrizierfamilien in 100 Jahren hier das ganze Land; sie bauten ihre Villen und Höfe und legten schöne Parkanlagen und Fischteiche etc. an. So wandelte sich das ehemalige ruhige Klosterdorf in einen luxuriösen Sommerferienort der reichen Danziger Patrizier.

Im Jahre 1660 war hier während der polnisch-schwedischen Friedensverhandlungen die 200 Mann starke schwedische Delegation untergebracht.

Im Jahre 1734 fiel Zoppot einem vom russischen Heer gelegten Brand zum Opfer. Die schönen Landhäuser wurden nicht wiederaufgebaut. In der Mitte des 18. Jh. erwarben General J. Przebendowski und einige reiche Leute das Zoppoter Land. Dann ging es in den Besitz des Danziger Kaufmanns C. Ch. Wegner und anderer deutscher Bürger und Beamten über.

Erst nach den Napoleonischen Kriegen begannen hier Kranke in der Ostsee zu baden (bis dahin nicht bekannt), sie nutzten die auch von Ärzten empfohlenen gesundheitsfördernden Eigenschaften des Meerwassers. 1819 baute C. Ch. Wegner für sie eine **Badeanstalt** mit zwei hölzernen Badewannen und Garderoben. Zum Badeort wichtigsten Ranges wurde der Ort jedoch erst durch den früheren

42. Südbad von 1907

Arzt der napoleonischen Armee, den Elsässer Jean George Haffner. 1823 legte dieser in Zoppot einen Park direkt am Meer an und baute neue Badeeinrichtungen. Vor seiner Tätigkeit in Zoppot hatte er eine Danzigerin geheiratet und 1814 in Danzig zwei öffentliche Badeanstalten erbaut.

1824 errichtete Haffner in Zoppot ein großes *Kurhaus*, eine Unterhaltungs-, Erholungs- und Speisestätte. Er ließ auch zahlreiche Spazierwege in der nächsten Umgebung sowie einen Aussichtspunkt auf der Anhöhe am Taubenwasserweg/ul. 23 Marca anlegen. Gebaut wurden auch durch einen Steg mit dem Strand und dem Meer verbundene Umkleideräume, die an der Stelle des heutigen Südbades/ Łazienki Południowe (für Frauen) und Nordbades/Łazienki Północne (für Männer) lagen. 1827 entstand dank Haffner der erste Seesteg. So entwickelte sich Zoppot zum *Weltbad,* genannt „*Perle der Ostsee*".

Nach dem Tod von J. G. Haffner übernahm E. A. Bötcher die Verwaltung der Badebetriebe. 1877 kaufte die Gemeinde Zoppot dieses „Badeunternehmen" und besorgte die Modernisierung der Badeanstalten, der Straßen und der sonstigen Infrastruktur. Bereits 1874 war eine neue Badeanstalt erbaut worden, die später noch erweitert wurde.

Nach und nach kamen immer mehr Kurgäste, besonders nach dem Eisenbahnanschluß 1870 des Bahnhofs in Zoppot. Zum Ende des 19. Jh. standen Tennisplätze und eine Rennbahn (1898) zur Verfügung, der Seesteg wurde verlängert, und die Badeanstalten wurden mit modernen Geräten ausgerüstet.

Am Ende des 19. Jh. betrug die Einwohnerzahl ca. 10000. Stadt wurde Zoppot im Jahre 1901. Zu der Folgezeit entstanden noch Dutzende Pensionen, Villen, Hotels und nach dem Ersten Weltkrieg Spielcasinos, das erste 1923 in einem Anbau zum Kurhaus von 1912. Errichtet wurden 1903 auch die heutige Balneologische Anstalt und kurz danach weitere Baderäume. 1909 entstand in Zoppot die Waldoper, eine bekannte Freiluftbühne, wobei man die hervorragende natürliche Akustik der sie umgebenden Hügel nutzte. Hier fanden öfter Aufführungen von Werken Richard Wagners statt.

1918 wurde Zoppot durch Beschluß im Versailler Vertrag der Freien Stadt Danzig angeschlossen. 1927 entstand das Grand Hotel, das seine Atmosphäre und seinen Ruf bis heute bewahrt hat.

Während des Zweiten Weltkrieges war Zoppot Erholungsstätte für deutsche Offiziere, gegen Ende des Krieges wurden in der Stadt Lazarette eingerichtet. Der Zerstörungsgrad im Krieg betrug nur ca. 10 %. Nach der Ausweisung der deutschen Bevölkerung siedelten sich hier vor allem Polen aus den ehemaligen Ostgebieten Polens, die an die UdSSR gefallen waren, und aus Zentralpolen an.

Wegen der großen Zerstörungen in Danzig wohnten hier zuerst Arbeiter auch aus den Industriebetrieben in Danzig und Gdingen, die die touristischen Traditionen jedoch nicht weiterführten. Erst später baute man neue Pensionen, Hotels und Erholungsheime. Zoppot gewann wieder den Ruf eines berühmten Seekurortes. Das Baden am Strand ist möglich.

43. An der Ostseeküste

Natur- und Kulturdenkmäler von Zoppot

Hier ist u. a. die schöne, malerische Lage zu erwähnen. Die Gäste loben die Spaziergänge am Strand und den Steg, der entlang der Dünen über Glettkau/Jelitkowo bis nach Gdingen/Gdynia führt.
Eine breite Mole erstreckt sich über 500 m weit in die Ostsee und ist die beliebteste Promenade in Zoppot. Auf der Mole hat man ein schönes Panorama vor sich: Im Norden erhebt sich die Anhöhe Redlaue Kämpe/Kępa Redłowska und dahinter Oxhöfte Kämpe/Kępa Oksywska. Diese steilen Wände erinnern uns an die Überfälle der Wikinger, an Zwistigkeiten mit dem Deutschen Orden, an die

Verteidigung Polens gegen das deutsche Heer 1939. Im Westen bietet das Panorama eine bewaldete Anhöhe. Im Vordergrund zeigt sich der Turm der Badeanstalten. Dazwischen erhebt sich die *St.-Georg-Kirche* (bis 1945 Erlöserkirche).

Im Südpark ist der Turm der evangelisch-augsburgischen, 1919 erbauten Kirche, bis 1945 *Friedenskirche*, zu sehen. Nur eben sichtbar ist der Turm der katholischen *Meeressternkirche*/kościół Gwiazdy Morza von 1922.

Zu diesem malerischen Panorama paßt das neue kantige, graue Hochhaus an der ul. Grottgera ganz und gar nicht. Sehenswert sind dagegen zahlreiche Villen und Pensionen aus der Wende des 19. zum 20. Jh., die als Denkmäler gelten; eine Bestandsaufnahme erfolgte bereits.

Erwähnenswert ist auch der *Alte Burgwall* aus dem 8. bis 10. Jh. an der ul. J. J. Haffner. Sie zeigt, daß die pommerschen Stämme in der damaligen Zeit Sachkenntnisse im Befestigungsbau hatten. Dieses in die Stadtlandschaft integrierte kulturhistorische Denkmal ist in dieser Hinsicht eine Seltenheit.

Aufgrund der architektonischen Werte sind auch die 1907 aus Holz angefertigten Baderäume im Südpark erwähnenswert. Vermutlich schuf der städtische Baumeister Paul Puchmüller die reichen Schnitzwerke und dekorativen architektonischen Formen.

Wenn man in Zoppot ist, sollte man unbedingt auch die berühmte *Waldbühne*/Opera Leśna besichtigen. Sie wurde 1909 dank der Bemühungen von P. W. Schöffer, Regisseur des Danziger Stadttheaters, und M. Waldmann, Bürgermeister von Zoppot und Musikliebhaber, erbaut. Die erste Aufführung fand am 11. August 1909 mit dem Stück „Nachtlager in Granada" des französischen Autors und Musikers R. Kreutzer statt.

Seit 1909 finden hier jedes Jahr Opernaufführungen statt. Bis 1945 wurden fast nur Stücke deutscher Komponisten gespielt, im Laufe der Zeit ausschließlich die von Richard Wagner, weswegen Zoppot einst auch „Nord-Bayreuth" genannt wurde. Nach den letzten gründlichen Umbauten entstand hier eine Art von „Musiktheater", in dem Bühne und Zuschauerplätze durch ein Dach vor dem Regen geschützt sind.

Die Überdachung hat eine Fläche von 4 000 m² und ein Gewicht von ca. acht Tonnen. Die gesamte Fläche der Waldoper mit der Umzäunung beträgt 4 ha. Die große Bühne ist 400 m² groß. Sie paßt sich sehr gut in die sie umgebende Landschaft ein. Die Natur hat sich bemüht, damit eine schöne Umarmung der Waldoper – des Musik-, Lieder- und Tanztempels – zu schaffen. Jedes Jahr findet hier das *Internationale Chansonfestival Sopot* statt.

Nachdem wir nun Zoppot kennengelernt haben, fahren wir nach Gdingen/Gdynia. Hinter den letzten Gebäuden Zoppots überqueren wir den ehemaligen Grenzbach zwischen Zoppot und Gdingen, den Grenzfluß/Świelinia, in den Jahren 1918/20 bis 1939 Grenze zwischen Polen und der Freien Stadt Danzig.

1,5 km weiter liegt das *Gut Kolibki* und weiter Orłowo, ein Wohnviertel Gdingens. Dieses war in den dreißiger Jahren ein schönes polnisches Seebad mit Mole (Seesteg) und zahlreichen Pensionen.

Das andere Wohnviertel Hoch-Radlau/Redłowo liegt am Fuße der malerischen, 90,8 m hohen, waldbedeckten und zum Reservat erhobenen Redlaue Kämpe/Kępa Redłowska.

44. Strand und Kliff in Orłowo, einem südlichen Stadtteil von Gdingen/Gdynia

Links von uns sehen wir im Westen einen Teil der Kaschubischen Seenplatte, auf seiner östlichen Seite erstreckt sich der *Dreistädtische Landschaftspark*/Trójmiejski Park Krajobrazowy.

Gleich rechts fahren wir an der Anhöhe St. Maximilian mit der Franziskanerkirche vorbei. Wir sind nun schon kurz vor dem Zentrum von Gdingen an der Świętojańska, einem alten Weg, der seit Jahrhunderten von Süden über Danzig zum Oxhöfte Kämpe/Kępa Oksywska, ebenso weiter nach Putzig und Westpommern führt.

Gdingen

Geschichte

Die erste urkundliche Erwähnung des Fischer- und Seemannsdorfes *Gdina* ist aus dem Jahre 1253 nachgewiesen. Der Ort gehörte zu dieser Zeit zur Pfarrei auf Oxhöft/Oksywie, einer alten Burgsiedlung aus dem frühen Mittelalter. Im Jahre 1382 schenkte der damalige Besitzer, Jan aus Russoschin/Różęcina, das Dorf dem Karthauskloster im heutigen Kartuzy. In dessen Besitz blieb es bis zur Säkularisation durch den preußischen Staat 1772.

1870 verband man die Eisenbahnstrecke Danzig/Gdańsk–Köslin/Koszalin mit der Station in Gdingen. Im Jahre 1904 entstand die Badegesellschaft „Weichsel" mit Kurhaus; das Meerbad wurde eröffnet, zu dem die heutige ul. 10-go Lutego hinführt. Am 10. Februar 1920 wurde Gdingen durch einen Beschluß im Versailler Vertrag dem polnischen Staat angeschlossen.

Wegen des Touristenzustroms wurden zahlreiche Pensionen, Villen (vor allem auf dem „Steinberg"/Kamienna Góra) sowie ein neues Kurhaus errichtet. 1922 beschloß der Reichstag der polnischen Republik, hier einen Hafen zu bauen. Polen hatte zwar das Recht, den Danziger Hafen zu benutzen, doch Streitigkeiten zwischen Polen und der Freien Stadt Danzig erschwerten dessen Gebrauch.

1926 wurde Gdingen zur Stadt erhoben.

Der neue Hafen entwickelte sich rasch zu einem der modernsten an der Ostseeküste. 1938 wurden in ihm 9,2 Millionen Tonnen umge-

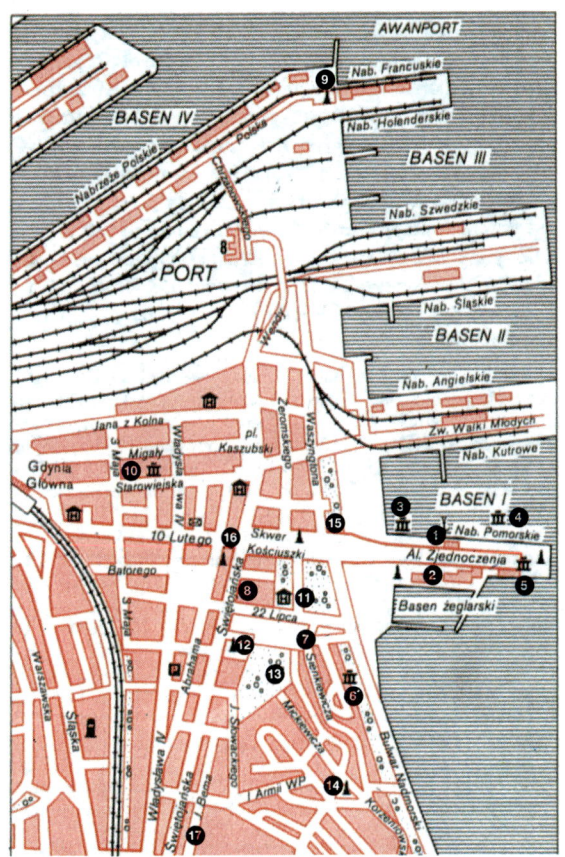

Abb.18: Stadtplan Gdingen/Gdynia – Stadtzentrum und ein Teil des Hafens (22, S. 246). (1) Anlegestelle der Weißen Flotte; (2) Maritime Hochschule; (3) Schiffsmuseum „Błyskawica" (Blitz); (4) Segelschiffmuseum „Dar Pomorza" (ein Geschenk von Pommern); (5) Ozeanographisches Museum und Meeresaquarium; (6) Museum für Kriegsmarine; (7) Musiktheater; (8) Kirche aus dem Jahre 1927; (9) Meereshof von 1933 und Denkmal „Den Seeleuten"; (10) Museum von Gdynia im Abraham-Haus; (11) Hotel „Gdynia"; (12) Denkmal der Pfadfinder von Gdynia; (13) Aussichtspunkt auf dem Steinberg/Kamienna Góra; (14) Denkmal des Schriftstellers Henryk Sienkiewicz; (15) Findling „Eva"; (16) Denkmal des Schriftstellers Stefan Żeromski; (17) Dramatisches Theater.

45. Binnenhafen von Gdingen/Gdynia

schlagen. 1939 betrug die Einwohnerzahl 120 000 auf einer Fläche von 66 km².

Diesen Aufschwung beendete der Zweite Weltkrieg. Der Hafen wurde zur Basis der deutschen Kriegsmarine. Gegen Kriegsende beschädigten die zahlreichen Luftangriffe der Alliierten die Anlage. Der 2,5 km lange Wellenbrecher wurde von der deutschen Wehrmacht gesprengt.

Heute ist Gdynia ein großes Industriezentrum mit Hafen, Handel, Handelsflotte sowie Schiffbau und Fischfang. Es gilt auch als wissenschaftliches und kulturelles Zentrum mit ein paar Hochschulen, einigen Messen und zwei Theatern. Gdingen verfügt über einen gut entwickelten Bus-, Obus- und Eisenbahnverkehr. Im Hafen befindet sich eine Anlegestelle für die Fahrgastschiffe der Weißen Flotte.

Von einem kleinen Fischerdorf mit 1000 Menschen 1920 wandelte sich Gdingen zur Stadt mit über 250 000 Einwohnern auf einem Gebiet von 136 km².

Besichtigung

Eine Besichtigung von Gdingen, so empfehlen wir, sollte man mit dem Aufstieg auf die 51 m hohe Anhöhe *Steinberg*/Kamienna Góra, die mit ihrem Kap fast ins Stadtzentrum hineinragt, beginnen. Von dieser Höhe aus überblicken wir das riesige Hafengelände, das Zentrum Gdingens und das Wohnviertel Oxhöfte Kämpe/Kępa Oksywska. Reizvoll ist eine *Rundfahrt* (Anlegestelle: al. Zjednoczenia 2, Tel. 202642) durch den inneren und äußeren Hafen mit seinem Umschlagsteg und der Gdinger Werft.

Besonders schön ist auch ein Spaziergang auf der *Südmole*, welche die Verlängerung der schönen Grünanlage/Skwer Kościuszki bildet. Auf dieser Route sehen wir den Ausstellungspavillon des Museums von Gdynia; Hauptgebäude ist das Abraham-Haus (an der ul. Staro-

46. Südmole und Jachthafen von Gdingen/Gdynia

47. Gdingen/Gdynia mit Hafen

wiejska 30). Abraham war ein berühmter Funktionär und Patriot der Kaschuben, er lebte von 1869 bis 1923.

Weiter auf unserem Weg sehen wir das **Schiffsmuseum (Okręt Muzeum)** „Błyskawica"/Blitz, dann das **Segelschiffmuseum** „Dar Pomorza" (ein Geschenk von Pommern) und auf der anderen Seite der Mole das **Ozeanographische Museum**/Muzeum Oceanograficzne und das **Meeres-Aquarium** (mit Fauna aus der ganzen Welt). Nicht weit davon entfernt liegen die Gebäude der **Maritim-Hochschule** und dahinter das **Seemannsbassin**. Vom Seesteg erstreckt sich ein schönes Panorama auf die schroffen Wände des Steinberges/ Kamienna Góra. An seinem Fuße dehnt sich die ca. 2 km lange, über zehn Meter breite **Promenade**/Bulwar Nadmorski aus, ein beliebter Platz (angelegt 1965/69) für Spaziergänge von Touristen und Bewohnern der Stadt. In der Nachbarschaft befinden sich ein **Museum der Kriegsmarine** und gleich daneben ein berühmtes **Musiktheater**.

Wenn wir das Ende der Mole erreicht haben, sehen wir vor uns einen mächtigen **Wellenbrecher**. Er befindet sich hinter dem Kanal, durch den Schiffe von der Südeinfahrt des Hafens (sichtbar rechts) zum

168

Außenport fahren. Sie passieren den Südseesteg, Fischerseesteg, Kohlesteg, Passagierseesteg sowie die Hafenbecken I, II und III.

Am Ende der Mole befindet sich das interessante Denkmal des berühmten Seefahrt-Schriftstellers J. C. Korzeniowski.

Weil Gdynia noch so „jung" ist, hat es leider noch nicht viele Kulturdenkmäler; einige wichtige seien jedoch erwähnt:

Auf die **Kirche Erzengel St. Michael** auf Oxhöft/Oksywie weist schon eine Urkunde von 1224 hin; niedergebrannt wurde sie im 16. und 17. Jh. und danach auch nach dem letzten Krieg wiederaufgebaut.

Zu den interessanten Objekten gehört der 1933 gebaute **Meereshof/** Dworzec Morski. Er bildet das Herz des Hafens von Gdynia an der Grenze vom Außen- zum Innenhafen im Tal des Baches Potok Chyloński. Das schöne Panorama zeigt Awanport und weiter rechts die beiden Hafeneinfahrten, im Norden die Anhöhe Oxhöfte Kämpe/Kępa Oksywska und das Gewässer des Binnenhafens mit dem Becken Nr. IV (mit dem Namen J. Piłsudski) auf dem ersten Plan.

Vor dem Meereshof steht das 1965 enthüllte **Denkmal „Den Seeleuten"** sowie das **Hafenamt**.

Putzig

Vom Hauptbahnhof/Dworzec Kolejowy in Gdingen/Gdynia-Główna fahren wir die ul. Morska entlang in Richtung Nordwest, vorbei rechts am Eisenbahn- und Hafengelände und links u. a. an der Meereshochschule (erbaut ca. 1930) und anderen Gebäuden. Jetzt kommt der bewaldete Rand der Moränenanhöhe, die einen Teil des Dreistädtischen Landschaftsparkes bildet, in Sicht. Im Hintergrund wird rechts der Hang von der Anhöhe Oxhöfte Kämpe/Kępa Oksywska erkennbar.

Kurz darauf fahren wir an einigen Wohnvierteln von Gdynia vorbei, anschließend durch die Städte **Rahmel/**Rumia und **Reda**. In Reda biegen wir rechts nach Norden ab und gelangen nach 27 km Fahrtstrecke von Gdynia aus in die Stadt **Putzig**.

Putzig/Puck gehört zu den ältesten pommerschen Siedlungen; es liegt auf der Putziger Kämpe/Kępa Pucka in der Nachbarschaft der Putziger Bucht.

Urkundlich erwähnt schon 1215 als *Puyczk*, war es ab 1227 Sitz des den pommerschen Herzögen untergeordneten Kastellans. Von 1309 bis 1454 gehörte Putzig dem Deutschen Ritterorden, der hier eine gemauerte Burg errichtete. Nach dem Dreizehnjährigen Krieg (1454/66) fiel es für einige Zeit an die Stadt Danzig, in der Mitte des 16. Jh. ging es in den Herrschaftsbesitz der polnischen Starosten (Landräte) über. Im 16. und 17. Jh. unterhielten hier die polnischen Könige Sigismund August und Władysław IV. eine Kriegsschiffbasis. 1772 wurde Puck dem preußischen Staat einverleibt, 1920 fiel es an Polen zurück.

Zum Ende des 19. Jh. wandelte sich das ehemalige Fischerstädtchen zu einer Sommerfrische. 1920 bis 1926 lag hier die polnische Kriegsmarine vor Anker, außerdem entwickelte sich der Tourismus.

Seit Jahrhunderten schon war Putzig ein Fischerhafen, und seit 1988 gibt es eine *Anlegestelle* (ul. Lipowa, Tel. 73 25 05) für Jachten.

In Putzig arbeiten einige Industriebetriebe, z. B. Wasserkraftmaschinen für Fischerboote und Fischkutter sowie Handelseinrichtungen. Außerdem besitzt es gut entwickelte Sportstätten und touristische Einrichtungen, die durch Dutzende von Gästen genutzt werden.

Ferienheime: Ośrodek Sportu i Rekreacji, ul. Nowy Świat 17, Tel. 73 29 51.

Unterkünfte: Vermittlung (Biuro Zakwaterowania), ul. Nowy Świat 17; Tel. 73 26 10, PTTK, ul. 1-go Maja 9, Tel. 73 24 03.

Wem hinreichend Zeit zur Verfügung steht, der sollte das Museum des Putziger Landes sowie eine kleine, private Fischermuseumsstube aufsuchen.

Besichtigung

Die Besichtigung beginnen wir im Herzen der seit 1348 bestehenden Stadt, die sich das mittelalterliche Stadtbild bis heute bewahrt hat. Die älteste und wohl wertvollste Sehenswürdigkeit ist die an Kunstwerken reiche *St.-Peter-und-Paul-Kirche* aus dem 13./14. Jh. Auf-

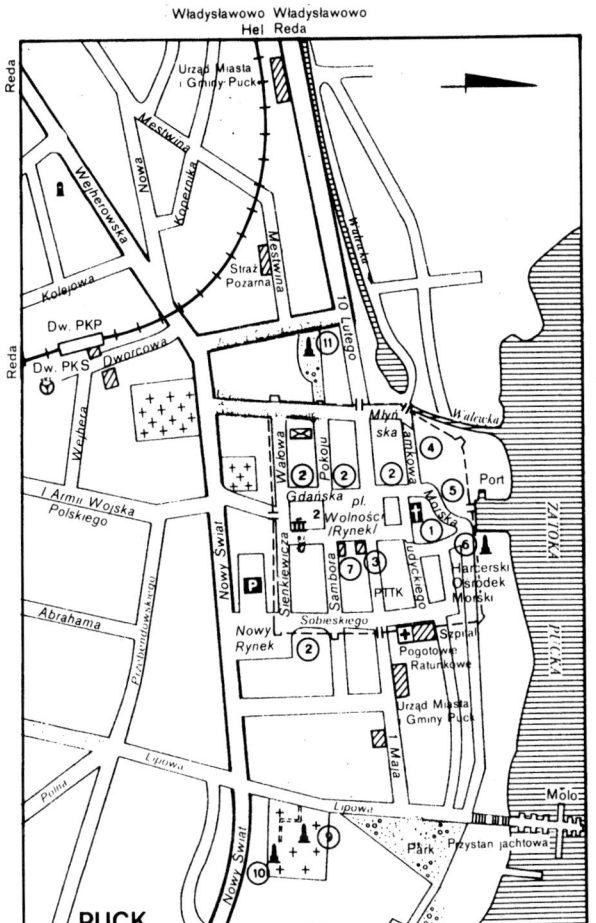

Abb. 19: Stadtplan von Putzig/Puck, (Quelle: 22, S. 282).

- - - - - - - Die im 18. und 19. Jh. abgerissene Stadtmauer. (1) St.-Peter-
und-Paul-Kirche; (2) Denkmalgeschützte Häuser am Platz Wolności und
anderen Gäßchen; (3) Ehemaliges Rathaus; (4) Gelände des Burgwalles und
der Putziger Burg; (5) Fischerstube von J. Budzisz; (6) Denkmal zum
Jubiläum des 800jährigen Bestehens von Putzig; (7) Kulturhaus; (8) Museum des Putziger Landes; (9) Grab der Gefallenen Seemänner im Jahre 1939;
(10) Grab der 234 verstorbenen Gefangenen aus Stutthof; (11) Denkmal des
Putziger Landes.

merksamkeit verdient auch das einstige Hospital aus der 1. Hälfte des 18. Jh., heute Sitz des *Museums des Putziger Landes* (zu diesem Museum gehören auch benachbarte Gebäude und eine alte Schmiede); ein weiterer Ausstellungsraum ist im Haus Nr. 28 am Ring. Die Häuser am Ring stammen aus dem 19. Jh., ihre Fundamente sind sicherlich älter. An der östlichen Seite des Ringes (pl. Wolności) erhebt sich das ehemalige Rathaus von 1865 mit dem Stadtwappen auf der Fassade.

Auf dem unbebauten Platz an der ul. Zamkowa, die von der Kirche nach Westen führt, stand im Mittelalter eine Burg; eine spätere wurde von den Deutschen Ordensrittern erbaut. Die Putziger erinnern an sie, ebenso an den alten, wahrscheinlich schon im 8. Jh. errichteten Hafen.

Putzig kann zahlreiche Mahnmale vorweisen, u. a. das mächtige *Denkmal der Geschichte des Putziger Landes*, geschaffen von dem Danziger Bildhauer W. Tołkin. Auf einem Friedhof steht das *Denkmal „Den ermordeten und verstorbenen Häftlingen aus Stutthof"*; auch ein Grab, in dem 234 Häftlinge beigesetzt wurden, ist hier zu finden.

Von Putzig aus fahren wir in Richtung Norden. Nach neun Kilometern Fahrt erreichen wir die Ortschaft *Władysławowo*, sie liegt an dem Ansatz der Hela-Nehrung sowie an der Puckauer Bucht und am Meer. Die erste Erwähnung, und zwar als *Velaves* (Großes Dorf), ist aus dem Jahr 1284 auf uns gekommen.

Nach 1920 entstand in der Nachbarschaft von Władysławowo der Badeort *Hallerowo*. Der am 4. Mai 1938 erbaute Hafen erhielt seinen Namen von der hier auf Antrag des polnischen Königs Władysław IV. erbauten Festung Władysławowo. Seit 1952 sind die Hafensiedlung, Großes Dorf und Hallerowo eingemeindet; 1963 erhob man Władysławowo zur Stadt.

Beachtenswert ist das große *Haus des Fischers* (erbaut 1957); für Fischer und Touristen wurde es geschaffen. Architektonisch interessant ist die 1961 nach Plänen von A. Oleg, A. Kulesza und Sz. Baum erbaute *Kirche*.

In Hallerowo besaß Gen. J. Haller eine Villa, in der heute ein Verwaltungssitz des *Küsten-Landschaftsparkes* beheimatet ist.

Von Władysławowo fahren wir weiter auf die **Halbinsel Hela**/Hel. Unterwegs kommen wir zuerst an der Sommerfrische **Ceynowa**/ Chałupy vorbei, seit dem 17. Jh. ein Fischerdorf; hier war einst die schon erwähnte Władysław-Festung. In Ceynowa/Chałupy gibt es eine Bus- und Bahnstation, einen Camping- und Zeltplatz, im Sommer geöffnete Cafés und Bars; hier genießen wir auch einen schönen Strand. Ceynowa/Chałupy ist zu Władysławowo eingemeindet.

Weiter fahren wir zur nächsten Ortschaft **Kusfeld**/Kuźnica, einem westlichen Stadtteil von Jastarnia auf der Halbinsel Hela. Nicht weit von hier stehen wir an der schmalsten Stelle der Halbinsel; bei nur 250 m Breite ist ständig die Gefahr gegeben, daß sie während eines Sturmes hier überflutet wird. Bereits 1570 wurde die Ortschaft als ‚Koszveldt' erwähnt. Seit 1922 gibt es an der Bahnlinie nach Hela hier eine Station. Seitdem nahm der Tourismus einen großen Aufschwung. Hier findet man einen breiten Strand, einen Camping- und Zeltplatz, Restaurants und Cafés; auch eine Bahnstation und eine Busverbindung sind vorhanden.

Die nächste Siedlung auf Hela heißt **Heisternest**/Jastarnia, erwähnt bereits 1378 als *Osternäs*. Durch die Ortschaft zog sich früher die Grenze zwischen Polen und Danzig: so gehörte nach 1526 der westliche Teil Putziger Heisternest/Jastarnia-Pucka zu Polen, der östliche Teil Danziger Heisternest/Jastarnia-Bór wie der Rest der Halbinsel Hela war Gebiet der Stadt Danzig. In Putziger Heisternest/ Jastarnia-Pucka wohnten katholische Christen, in Danziger Heisternest/Jastarnia-Bór evangelische Christen.

Nach 1920 entwickelte sich Heisternest/Jastarnia allmählich zu einer Sommerfrische mit der entsprechenden touristischen Infrastruktur. Ein Kurhaus entstand, im Hafen wurde ein Seemannsclub organisiert.

Die erste Kirche, noch aus Holz, entstand 1755. Das heutige Gotteshaus von 1932 wurde mit Spenden der Fischer renoviert und geschmückt. Interessante Skulpturen wurden von A. Cichosz angefertigt.

Unweit vom Strand erhebt sich der Leuchtturm von 1950, ein älterer wurde 1939 zerstört. Hier bewundern wir auch ein paar alte Fischerhäuser, in einem von ihnen ist, dank der Bemühungen des Kaschubisch-Pommerschen Vereins, eine Museumsstube des Fischerhandwerks eingerichtet (Verkehrsamt: ul. Stefańskiego 47, Tel. 178; PTTK, Ville „Regina", Tel. 84; Camping „Maszoperia", Kategorie 1, ul. Bałtycka, Tel. 348; Zeltplatz: ul. Bałtycka, Tankstelle, ul. Żymierskiego 1, Tel. 81; sowie Restaurants, Cafés, Post, Apotheke, Kino).

3,5 km von Jastarnia entfernt liegt die Siedlung *Jurata*. Vor dem letzten Krieg gehörte sie zu den luxuriösen Seebädern an der Putziger Bucht der Ostsee. Ein Seesteg und ein ausgedehnter Strand laden zum Baden ein. Den Gästen stehen zahlreiche Pensionen und Villen zur Verfügung, schöne Spazierwege führen durch den Wald und am Meer entlang. Eine Bus- und Bahnstation sorgt für die Verkehrsverbindung.

12 km von Jurata entfernt liegt am äußersten Ende der Halbinsel das Städtchen Hela mit 5000 Einwohnern. Zu erreichen ist es auf der Landstraße von Władysławowo nach 35 km, der Wasserweg von Gdingen/Gdynia beträgt 18 km.

Hela gehört zu den ältesten pommerschen Siedlungen. Die Spuren der Anwesenheit des Menschen gehen auf die Zeit vor 2500 Jahren zurück. 1219 wurde Hela zum ersten Mal als Fischerdorf, als Handels- und Seemannsortschaft und als Seeräubersitz erwähnt. 1260 verlieh Herzog Swantopolk der Stadt die *Lübecker Stadtrechte*, die 1378 durch den Deutschen Ritterorden bestätigt wurden. Zum Ort Hela gehörte die Halbinsel bis nach Jastarnia. Regiert wurde es vom Rat der Stadt und des Helaer Landes.

Die älteste Siedlung, das sog. Alt Hela, hatte einen Marktplatz mit Rathaus, eine Kirche, Gasthäuser und ein Gefängnis. Sie lag nordwestlich 2 km von der heutigen Stadt entfernt.

Der Ort Neu Hela wurde in der 1. Hälfte des 15. Jh. gegründet und besaß schon damals eine Kirche. Alt Hela war aufgrund von Bränden, Plünderungen und Abgleiten in die Ostsee zu dieser Zeit verschwunden, allerdings standen die Mauern der Kirche von Alt Hela noch zu Beginn des 18. Jh.

Über das Versinken des Ortes Alt Hela erzählt eine Sage. Es geschah, weil die Bewohner zu viele Sünden begangen haben sollen. Man erzählt sich, daß an der Küste von Alt Hela an manchen Tagen

Abb. 20: Panorama von Hela (1804) (Quelle: Repr. R. Petrajtis)

aus den Tiefen des Meeres kommende menschliche Stimmen (von Sündern), Lieder und Glockenklänge zu hören seien ...

Im 17. Jh. fiel Neu Hela den Plünderungen des schwedischen Heeres zum Opfer. 1709 starben 225 Bewohner an der Pest.

1772 fiel bei der ersten Teilung Polens Hela mit damals 465 Einwohnern an den preußischen Staat. 1872 verlor die Ortschaft die Stadtrechte, dafür entstand ein Schulzenamt. 1892/93 wurde der kleine Fischereihafen mit Wellenbrecher und Verladehafen gebaut. 1922 bekam Hela eine Bahnverbindung mit Puck. Der ausgebaute Hafen bot 70 Kuttern und zahlreichen weiteren Fischerbooten einen Ankerplatz.

Nach dem Ersten Weltkrieg errichtete man die katholische Kirche. Außerdem entstand ein Meereslaboratorium für die Fischerei. In den zwanziger und dreißiger Jahren entwickelte sich der Ort zur Sommerfrische. Nach dem letzten Krieg wurden diese Erwerbszweige fortgeführt. Fast die Hälfte der Bevölkerung ist in der Fisch-

175

industrie beschäftigt. 1964 wurde Hela wieder zur Stadt erhoben. Es hat nunmehr ca. 5000 Einwohner.

Die Halbinsel Hela ist auch mit den Schiffen der Weißen Flotte/ Biała Flota von Langer Brücke/Długie Pobrzeże in Danzig sowie von Gdingen und Zoppot aus zu erreichen.

Die Sehenswürdigkeiten von Hela

Das älteste Bauwerk ist die gotische *Peterskirche* aus dem 15. Jh., jetzt *Fischermuseum*. Auf einem Holzturm befindet sich eine Aussichtsplattform. Sie erlaubt einen Blick über den gesamten Fischereihafen mit dem großen Wellenbrecher, bei dem sich die Anlegestelle für die Schiffe der Weißen Flotte befindet. Im Hafen verarbeitet der Betrieb „Koga" angelandeten Fisch. Draußen neben dem Fischereimuseum ist eine Museumsausstellung zahlreicher Fischerboote, die ihre Fänge auf der ganzen polnischen Ostsee hereinholten, eingerichtet.

Die ul. Bałtycka führt uns zum achteckigen, 41,5 m hohen *Leuchtturm*, erbaut 1942 von den Deutschen. Bereits im 17. Jh. warnte hier ein Leuchtturm die Schiffer; 1826 ersetzte man ihn durch eine gemauerte Version, die während der Kämpfe im September 1939 gesprengt wurde.

Im nördlichen Teil der Stadt steht die 1933 erbaute Kirche.

Im Offiziersklub befindet sich eine Gedenkstätte, die an die Verteidigung von Hela im September 1939 erinnert. Auf dem örtlichen Friedhof sind die Gräber der hier Gefallenen.

Der Zugang zum Strand an der der Ostsee zugewandten Seite erfolgt über die ul. Leśna.

Verkehrsverbindungen: Eisenbahnstation PKP, u. a. nach Gdingen/ Gdynia, Danzig/Gdańsk, Warschau/Warszawa. Bus nach Gdingen über Puck. Schiffsverbindung nach Gdingen, Zoppot und Danzig; Anlegestelle – Tel. 750437.

Im Städtchen: Restaurant „Kaszubska" und andere sowie Cafés, Verkehrsamt, Apotheke, Post, Krankenhaus, eine Tankstelle (Tel. 750776).

Von Hela kehren wir zurück nach Władysławowo. An dem Weg

lohnt sich ein Abstecher zum berühmten *Leuchtturm im. St. Żerom-skiego* in Rozewie. Touristen dürfen hinein. Seit 1963 ist darin eine Ausstellung als kleines Leuchtturm-Museum untergebracht. Der Turm ist 33 m hoch, die Lichtblitze alle drei Sekunden sind auf eine Entfernung von 23,4 Seemeilen (eine Seemeile = 1852 m) sichtbar. Er wurde 1821 erbaut, 1978 um etwa 8 m erhöht und bietet eine hervorragende Sicht in die Ferne.

In die Kaschubische Schweiz

Danzig/Gdańsk – *Zuckau*/Żukowo (19 km) – *Karthaus*/Kartuzy (31 km) – *Chmielno*/Chmielno (40 km) – *Brodnitz*/Brodnica Górna (50 km) – *Turmberg*/Wieżyca (60 km) – *Berent*/Kościerzyna (76 km) – *Sanddorf*/Wdzydze Kiszewskie (87 km).

Diese Route führt durch die drei Städte in der Kaschubischen Seen-platte; man konnte auf ihr zu zwei Sehenswürdigkeiten der Kunst und Architektur von höchstem Rang. Ein Teil der Route zieht sich auf der malerischen Straße, der sog. Kaschubischen Straße/Droga Kaszubska, dahin. Wir beenden unseren Ausflug in Sanddorf/ Wdzydze Kiszewskie, wo wir ein Freilichtmuseum des Kaschubi-schen Ethnographischen Museums/Kaszubski Park Etnograficzny besichtigen.

Unsere folgende Fahrt beginnen wir am Hauptbahnhof in Danzig und halten uns in Richtung Kartuzy durch die Straßen Wały Jagie-llońskie, Hucisko, Nowe Ogrody und Kartuska. 19 km von Danzig entfernt liegt die Ortschaft *Zuckau*/Żukowo. Von 1212/1214 bis 1772 gehörte sie einem Kloster der Norbertinerinnen. 1989 wurde Zuckau zur Stadt erhoben. Bei Einfahrt in den Ort sehen wir auf einer Anhöhe die *St.-Johannes-Kirche*, die schon ab 1325 bis zur Säkula-risation des Klosters 1834 als Pfarrkirche diente.

Beachtenswert ist ein Komplex der ehemaligen Klostergebäude aus dem 13., 14. und 17. Jh., in dem insbesondere der gotische Saal interessiert. Weiter lohnt sich die Besichtigung einer Begräbniska-pelle von 1745 auf dem Friedhof. Man nimmt an, daß sie an der

Stelle entstand, an der Nonnen der Märtyrertod durch heidnische Pruzzen ereilte.

Am wertvollsten aber ist die ehemalige *Klosterkirche*, seit dem 19. Jh. Pfarrkirche. Erbaut wurde sie im 13. und 14. Jh., die Helme der Türmchen und das Gewölbe des Chores entstanden im 17. Jh., ebenso die Klostermauer und der südliche Anbau. Das Gotteshaus bildet ein „Museum" von Schöpfungen der Malerei, der Bildhauerkunst, der Schnitzerei und weiterer Kunstwerke aus dem 14. bis 18. Jh.

Einige seien erwähnt: das gotische Triptychon vom Anfang des 16. Jh., die gotische Madonnenfigur (1. Hälfte 16. Jh.) und der Renaissancealtar (1. Hälfte 17. Jh.).

Von Zuckau/Żukowo aus fahren wir weiter Richtung Karthaus/Kartuzy.

12 km von Zuchau entfernt liegt die berühmteste Ortschaft im Herz der Kaschubischen Schweiz, *Karthaus*/Kartuzy. Die Geschichte dieses Ortes geht auf das Jahr 1381 zurück, da kamen die Kartäuser aus Prag. Sie gründeten hier das sog. *Kloster „Marien-Paradies"*. Nebenan entstand eine Siedlung, schon 1390 erwähnt. Im Kloster lebten vornehmlich deutsche Mönche.

1818 führte man hier die Kreisverwaltung ein. Acht Jahre später wurden bei der Säkularisation des Klosters die Mönchshäuschen zwecks Gewinnung von Baumaterial abgerissen.

Von dem Klosterkomplex steht die 1383/1403 erbaute Kirche, die ein barockes Dach in Form eines Sarges (Beziehung zum Kloster – *memento mori* – [denk an Tod]) trägt. Im Innern der Kirche befinden sich zahlreiche Kunstwerke aus dem 15. bis 18. Jh., u. a. der gotische Altar (1444), Chorstühle (1677), sehenswerte flämische Ledertapeten (1685) sowie zahlreiche Bilder aus dem 17. Jh.

Eine Seltenheit bildet das als einziges von insgesamt 18 erhalten gebliebene *Mönchshaus* von ca. 1400, im 15. Jh. schön gewölbt.

Neben der Kirche ist der ehemalige Klosterspeisesaal aus dem 15. Jh. zu sehen.

Von der Kirche führt an Klostersee entlang die „Philosophen-Allee"; neben dem Friedhof wachsen zwei ca. 500 Jahre alte Linden.

Am Ring sehen wir einige Giebelhäuser von historischem Wert aus

178

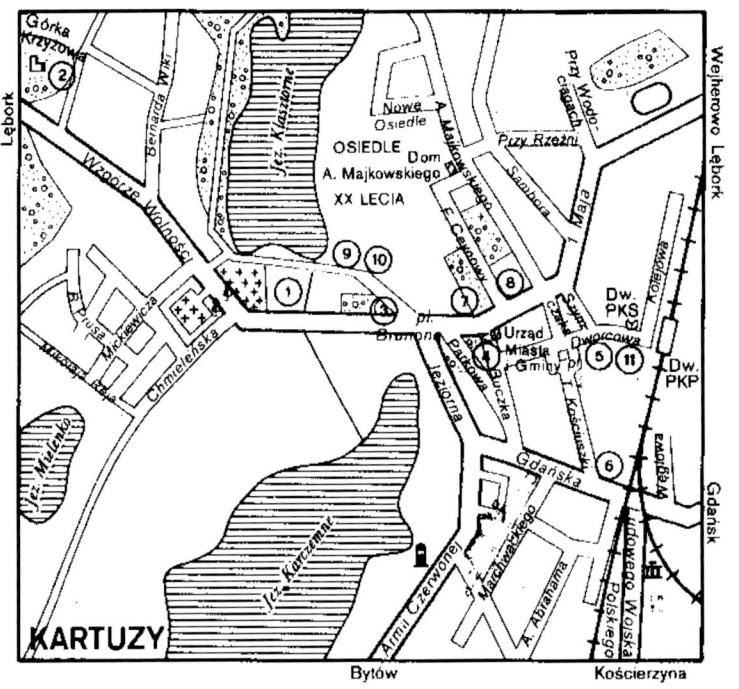

Abb. 21: Stadtplan von Karthaus/Kartuzy (Quelle: 22, S. 262). (1) Pfarrkirche (ca. 1400), gotischer Speisesaal des Klosters (ca. 1400), Wohnhäuser der Mönche (ca. 1400) sowie Verwaltungs- und Wirtschaftsgebäude des ehemaligen Klosters; (2) Hl.-Kreuz-Kapelle aus dem 17. Jh.; (3) St.-Brunon-Kapelle (17. Jh.); (4) Obelisk, angefertigt 1882 zur 500-Jahr-Feier der Klostergründung; (5) Kirche von 1883; (6) Klassizistischer Hof (1800); (7) Komplex der ehemaligen Gerichtsgebäude; (8) Spätklassizistisches Gebäude; (9) Ehemalige Brennerei, heute Wohnhaus; (10) Gebäudekomplex aus der Mitte des 19. Jh.; (11) Reisebüro „Gdańsk-Tourist"; (12) Kaschubisches Museum.

dem Ende des 19. Jh. sowie die neogotische, 1883 erbaute, damals evangelische Kirche.

Vom Ring gehen wir die ul. T. Kościuszki zum **Kaschubischen Museum** (eröffnet 1947 durch F. Treder), reich an Ethnographischen Sammlungen (Werkzeuge, Geräte, Kunst, Trachten, Kinderspielzeug, Musikinstrumente) der kaschubischen Kultur.

Aufgrund seiner malerischen Lage zwischen Wald und Seen und der Sehenswürdigkeiten bildet Karthaus/Kartuzy ein begehrtes touristisches Ziel in der Kaschubischen Seenplatte.

Von Karthaus/Kartuzy aus fahren wir zuerst über die ul. Wzgórze Wolności an Friedhof und Kirche vorbei. Rechts erhebt sich der **Spitzberg**/Górka Krzyżowa mit der **Heilig-Kreuz-Kapelle** aus dem 17. Jh. Nach sieben Minuten Fahrt erreichen wir den **Lappalitz-See**/ Jezioro Łapalickie; hinter dem Dorf Gartz/Garcz biegen wir dann links ab und kommen in die malerisch gelegene Ortschaft **Chmielno**. Gleich drei Seen berücken das Dorf: Białe, Kłodno und Rękowo, und unweit davon (2 km) hat es den sagenumwobenen Berg Tamowa Góra (224 m).

Die Vergangenheit dieses Ortes ist sehr interessant, er gilt als Wiege des pommerschen Geschlechts, das schon im 8. Jh. hier seine Burg besaß. Im 13. und zu Beginn des 14. Jh. hatte hier der Kastellan seinen Sitz. Erwähnt wurde er als *Castellanus in Chmelna* im Jahre 1283; im 14. Jh. hoben Deutsche Ordensritter die Burg auf. Die Überreste sind unweit des Dorfes, auf der Landzunge zwischen zwei Seen (J. Białe und J. Kłodno) zu sehen.

An der alten Burg ist ein Gedenkkreuz von 1888 zu sehen.

Im Zentrum des Ortes steht eine Kirche aus dem 19. Jh.; ihr Turm stammt aus der 2. Hälfte des 19. Jh., die Innenausstattung aus dem 16. bis 18. Jh.

Seit dem 19. Jh. ist diese Ortschaft dank der Familie Necel, die schon seit sechs Generationen hier ansässig ist, wegen ihrer **Töpfereierzeugnisse** bekannt.

Zum Essen lädt das Kaschubische Restaurant „U Czorlińskiego" ein (mit regionalgetreuer Ausstattung und typischem Essen).

Die **Kaschubische Straße**/Droga Kaszubska führt durch äußerst malerische Landschaften. Sie schlängelt sich zwischen Seen und

Hügelketten dahin; die Fahrt wird nie langweilig. Wir durchqueren malerische Ortschaften, so **Klein Chmielno**/Chmielonko, und bewegen uns entlang des Kleinen und Großen Brodno-Sees/Jez. Małe i Wielkie Brodno. Am Großen Brodno-See, vor dem Dorf Ober Brodnitz/Brodnica Górna, verlassen wir vorläufig die Kaschubische Straße/Droga Kaszubska. Hier wurde ein **Aussichtspunkt**/„Złota Góra" errichtet. Das Denkmal an dieser Stelle ist „**Den Kaschubischen Partisanen**" gewidmet; es ist ein Werk von W. Tołkin. Von dem Aussichtspunkt genießen wir das schöne Panorama: die umgebenden Seen: unten Großer Brodno-See, dahinter der malerische Ostritz-See/J. Ostrzyckie, hinter ihm die Hügelstreifen der Anhöhe Wzgórza Szymbarskie mit dem Turmberg/Wieżyca (328,6 m), ein beliebtes Ausflugsziel der Danziger. Weiter geht es hinunter und entlang des Ostritz-Sees.

Am Hang der am See gelegenen Moräne (einer Insel gegenüber), ca. 200 m von der Straße entfernt, befindet sich der nächste Aussichtspunkt (227 m) am Königsstein.

Auf unserem Weg erreichen wir dann die nächste Ortschaft, **Ostritz**/Ostrzyce, mit Restaurant, Motel „U Stolema" und Parkplatz.

Nach ein paar Kilometern verlassen wir die Straße am See, biegen links ab und später vor der Station PKP Wieżyca nach rechts, am **Turmberg**/Wieżyca vorbei. Er entstand als Stirn- oder Endmoräne in der Eiszeit. Dieser Berg ist Reservat und mit einem 140jährigen Buchenwald bedeckt.

Gleich danach endet die Kaschubische Straße, und wir biegen rechts in Richtung Berent/Kościerzyna ab; nach 1 km kommen wir an der Kaschubischen Volksuniversität vorbei; von dort sind es noch 16 km nach **Berent**/Kościerzyna.

Berent, ca. 21 000 Einwohner, liegt im südlichen Teil der Kaschubischen Seenplatte, inmitten malerischer Hügellandschaften und Seen und in der Nachbarschaft großer Wälder. Hier kreuzen sich die Hauptstraßen sowie die Eisenbahnlinien Gdingen–Bromberg/Gdynia-Bydgoszcz und Pszczółki–Bytów–Konitz/Chojnice. In der ersten Erwähnung aus dem Jahre 1284 wird Berent *Costerina* bezeichnet. Hier befand sich auf einer Anhöhe eine alte Burg, in der die Herzogin Gertruda, die Herrin über das Pirsner Land, herrschte.

Dieses Land erwarben die Deutschen Ordensritter zu Beginn des 14. Jh. und verliehen dem Ort die Stadtrechte, die 1526 von König Sigismund I. bestätigt wurden. Am ehemaligen Ring steht das 1843 erbaute Rathaus.

Auf der Anhöhe Wzgórze Grodowe der alten Burg ist jetzt der Sitz des Stadtrates und der Gemeinde; erbaut wurde ihr Haus zu Beginn des 19. Jh., vergrößert 1925 und nach dem Krieg.

In Berent sind ein paar Sakralbauten bedeutsam. Unweit des Alten Ringes steht die *Pfarrkirche* (1917), in ihrem Innern bewundern wir mehrere Kunstwerke, überwiegend aus dem 18. Jh.

An der ul. 8-go Marca liegt das *Kinogebäude*. Früher war hier der Berenter Bazar von 1910.

Auf der gegenüberliegenden Straßenseite sehen wir die Schule, neben ihr eine neoromanische Kapelle von 1871. In ihrem Innern betrachten wir eine spätgotische Pietà (15. Jh.) aus dem Benediktinerinnenkloster in Kulm/Chełmno.

Neben der Schule läuft die ul. M. Buczka her bis zur ul. Wojska Polskiego, die uns zum Zentrum führt; unterwegs kommen wir an dem 1977 enthüllten Denkmal des Generals J. Wybicki vorbei, einem Werk von W. Samp.

Die ul. Gdańska und die folgende ul. Waryńskiego führen uns auf die Anhöhe zur Begräbniskapelle von 1883. Sie steht wahrscheinlich an der Stelle der ältesten Kapelle dieses Ortes aus dem 13. Jh.

Jetzt gehen wir zur ul. Wojska Polskiego zurück und fahren weiter Richtung Bytów. Hinter der Tankstelle verlassen wir unsere Straße und biegen links ab. Nun sind es noch ca. 11 km zum Dorf Wąglikowice. Hier biegen wir links ab und erreichen nach 5 km *Sanddorf/* Wdzydze Kiszewskie, gelegen am größten See der Kaschubischen Seenplatte, dem Weitsee/Jez. Wdzydze (1445 ha Fläche, bis 68 m tief). Er wird auch *Kaschubisches Meer* genannt.

Im 17. Jh. war Sanddorf von sieben Fischern und einem Gastwirt bewohnt. Im Laufe der Zeit entfaltete es sich zum wichtigen Zentrum der Volkskunst und der Sommerfrische. In diesem kleinen Dorf gründete der hier von 1898 bis zu seinem Tod mit seiner Frau Theodora ansässige Lehrer Izydor Gulgowski 1906 in einer alten Hütte aus dem 18. Jh. ein *Museum mit ethnographischen Samm-*

lungen. Das Ehepaar entwickelte die Volkskunststickerei und Wurzelflechterei. Der von ihnen gegründete „Strickereiverein" existiert bis heute.

Das Museum fiel 1932 einem Brand zum Opfer. Danach kaufte Theodora Gulgowska eine ca. 1800 erbaute Scheune und gestaltete sie zur heute existierenden Museumshütte um. 1936 wurde das Museum mit den Ethnographischen Sammlungen feierlich eröffnet. Das Grab der Familie Gulgowski befindet sich an der Anhöhe am See inmitten des Kiefernwaldes, nahe bei dem von ihnen gegründeten Museum. Dieses bildet heute einen Teil des *Kaschubischen Ethnographischen Parkes*/Kaszubski Park Etnograficzny (Tel. 86 12 88), der, 1970 gegründet, auf einer Fläche von 22 ha den Touristen über 20 Beispiele volkstümlicher Baukunst bietet, u. a. die Windmühle „Ziegenbock" von 1871, eine Hütte und eine Kirche aus dem Jahr 1724. Außerdem ist hier ein ganzes Gehöft mit Wirtschaftsgebäude, Brotofen und Kellerräumen restauriert worden. Insgesamt werden auf dem Gelände 70 Objekte aus Kaschuben gezeigt, die auf dem Seeterrain nicht mitgerechnet.

Es ist geplant, den Park zu einem „lebendigen" Freilichtmuseum zu machen, in dem in Mühlen, Schmieden, am Webstuhl gearbeitet wird und Geflechtleute wirken (Kaschubischer Ethnographischer Park, geöffnet täglich außer montags).

Im Sommer finden im Park Veranstaltungen statt, z. B. der „Sanddorfer Jahrmarkt"/Wdzydzkie Jarmarki sowie das „Erdbeerenpflükken", wobei Künstler dieses Ortes ihre Werke ausstellen.

Seit Beginn des 20. Jh. kommen immer mehr Touristen. Den Gästen stehen ein Motel (Tel. 704), Pensionen und Campingplatz (Wąglikowice, Tel. 86 12 27) zur Verfügung.

Nach der Besichtigung kehren wir nach Danzig zurück, zunächst fahren wir nach Berent/Kościerzyna. Wenn wir den Ort hinter uns gelassen haben, gelangen wir nach 9 km in das Dorf *Gr. Bendomin*/Będomin. Diese Ortschaft wurde schon 1284 als Eigentum der pommerschen Herzogin Gertruda, der Tochter Sambors II., erwähnt. Später ging der Ort in den Besitz des Deutschen Ritterordens über, anschließend an die adlige *Familie Wybicki*. Hier wurde Józef Wybicki geboren, ein berühmter Politiker, Diplomat und Schrift-

steller, der Autor der polnischen Hymne „Mazurek Dąbrowskiego"
mit den ersten Worten „Noch ist Polen nicht verloren, wenn wir
leben …"; er schrieb das Lied 1797 in Italien, polnische Nationalhymne ist es seit 1926. 1970 ist in seinem Haus aus dem 18. Jh. ein
Museum der Nationalhymne eingerichtet. Die Ausstellung zeigt
einige Motive aus der polnischen Geschichte und aus der Geschichte
der Hymne, die in ca. 60 Versionen bekannt ist. In dem das Haus
umgebenden Park stehen eine 300jährige Eiche und alte Linden.
Von Groß-Bendomin/Będomin fahren wir über Mariensee/Przy-
widz und Kohlbude/Kołbudy zurück nach Danzig.

48. Blick vom Aussichtspunkt „Złota Góra" auf den Groß Brodnitz-See/Jez.
Brodno Wielkie und Ostritz-See/Jez. Ostrzyckie und Turmberg/Wieżyca.

ANHANG

Literaturverzeichnis

1. Bertling, A.: Illustrierter Führer durch den Freistaat Danzig. Verlag Kafemann, Danzig 1920.
2. Biernat, C.; Cieślak, E.: Dzieje Gdańska. Gdańsk 1975.
3. Brocki, Z.: Port gdański. Gdynia 1959.
4. Drost, W.: Sanct Nikolai und andere Kirchen in Danzig. Stuttgart 1959.
5. Drost, W.: Die Marienkirche in Danzig und ihre Kunstschätze. Stuttgart 1963.
6. Gdańsk, jego dzieje i kultura. Praca zbiorowa. Warszawa 1959.
7. Heseler, K. H.: Danzig. Stadt an der Bucht, Bremen 1990.
8. Iwanoyko, E.: Sala Czerwona ratusza gdańskiego. Wrocław 1986.
9. Jakrzewska-Śnieżko, Z.: Dwór Artusa. Poznań 1972.
10. Jakrzewska-Śnieżko, Z.: Gdańsk w dawnych rycinach. Wrocław 1985.
11. Jakrzewska-Śnieżko, Z.: Przewodnik po starym Gdańsku. Gdańsk 1991.
12. Januszajtis, A.; Jujka, Z.: Z uśmiechem przez Gdańsk. Gdynia 1968.
13. Keyser, E.: Danzigs Geschichte. Danzig 1929.
14. Klaman, E.; Podgórczyk, S.: Ratusz Głównego Miasta w Gdańsku. Gdańsk 1972.
15. Kosiarz, E.: Wyzwolenie Polski Północnej. Gdynia 1967.
16. Kostrzewski, J.; Pradzieje Pomorza Gdańskiego. Wrocław 1966.
17. Krzyżanowski, L.: Gdańsk. Warszawa 1977.
18. Lingenberg, H.: Oliva – 800 Jahre. Verlag Unser Danzig, Lübeck 1986.
19. Lingenberg H.: Die Anfänge des Klosters Oliva und die Entstehung der deutschen Stadt Danzig, Stuttgart 1982.

20. Łuka, J. L.: Kultura wschodniopomorska na Pomorzu Gdańskim. Wrocław 1966.
21. Mamuszka, F.: Droga Królewska w Gdańsku. Wrocław 1972.
22. Mamuszka, F.: Gdańsk i okolice. Warszawa 1990.
23. Mamuszka, F.: Oliwa. Okruchy u dziejów, zabytki. Gdańsk 1982.
24. Mamuszka, F.: Sopot i okolice. Warszawa 1990.
25. Mamuszka, F.: Sopot – szkice z dziejów. Gdańsk 1975.
26. Mamuszka, F.: Ziemia pucka. Warszawa 1989.
27. Nazwy miast Pomorza Gdańskiego, praca zbiorowa. Gdańsk 1978.
28. Ostrowska, R.; Trojanowska, I.: Bedeker Kaszubski. Gdańsk 1978.
29. Pasierb, J. St.: Malarz gdański Herman Han. Warszawa 1974.
30. Piwek, A.; Szyłański, B.: Oliwa – bazylika katedralna. Oliwa 1980.
31. Plany Gdańska, Sopotu i Gdyni. PPWK Warszawa 1989–1991.
32. Püttner, E.: Danzig. Kafemann-Verlag, Danzig 1899.
33. Rühle, S.: Der Stockturm und die Peinkammer. Kommissionsverlag Kafemann, Danzig.
34. Samp, J.; Kula, D.: Gdańsk. Przewodnik po mieście. Gdynia 1991.
35. Schultz, F.: Chronik der Stadt Seebad Zoppot. Zoppot 1905.
36. Stankiewicz, J.; Szermer, B.: Gdańsk, rozwój urbanistyczny i architektoniczny. Warszawa 1959.
37. Strohmenger, H.: Hansestadt Danzig – Führer durch Stadt und Umgebung. Verlag Paul Rosenberg, Danzig (ohne Jahr).
38. Szukalski, J.: Środowisko geograficzne Trójmiasta (Gdańsk-Sopot-Gdynia). Gdańsk 1974.
39. Szypowska, M.; Szypowski, A.: Gdańsk. Warszawa 1987
40. Szypowska, M.; Szypowski, A.: Oliwa – muzyka wieków. Warszawa 1991.
41. Szypowska, M.; Szypowski, A.: Sopot. Warszawa 1984.
42. Szypowska, M.; Szypowski, A.: Gdynia. Warszawa 1982.
43. Trojanowska, I.: Wspomnienia z odbudowy Głównego Miasta. Gdańsk 1978.

44. Trojanowska, I.: Szwajcaria Kaszubska. Warszawa 1987.
45. Trojanowska, I.: Pojezierze Kaszubskie. Gdańsk 1964.
46. Voellner, H.: Oliva. Danzig 1938.
47. Witkowski, R.: Westerplatte. Historia i dzień dzisiejszy. Gdańsk 1977.
48. Wyrobek, R.; Odyniec, M.: Organy oliwskie. Gdańsk 1958.
49. Zbierski, A.: Port gdański na tle dziejów miasta w X-XII w. Gdańsk 1964.
50. Żukowska: Danzig. Bucher-Verlag, Berlin-München 1991.

Wichtige Anschriften

Danzig

Autowerkstätten (Auto-Service)
- ASO, Gdańsk-Wrzeszcz, ul. Gen. Hallera 132, Tel. 411693, 415075
- ASO, Gdańsk-Oliva, ul. Grunwaldzka 339; Tel. 522812
- ASO, Gdańsk-Oliva, ul. Grunwaldzka 491, Tel. 521441
- PZMot, ul. Kartuska 187, Tel. 323550
- Pannenhilfe, Tel. 981
- Ford – K. Groblewski, ul. Jagiellońska 12a, Tel. 572531
- Peugeot – A. Janikowski, ul. Chmielna, Tel. 311262

Bank
Polnische Nationalbank, ul. Okopowa 1, Tel. 316261 und Bank Gdański, ul. Targ Drzewny 1, Tel. 311611

Flugverbindung
Polnische Fluglinie „LOT": Flughafen Rębiechowo; Tel. 413141; Kassen: 412335; Kasse in der ul. Wały Jagiellońskie 2/4, Tel. 311161 (Information, Reservation); Fluginformation Tel. 923

Galerien (Ausstellung und Verkauf)

- Gdański Kantor Sztuki (Danziger Kunstkantor „Zeidler Art Gallery"): Kunstgalerie, Auktionshaus, Außenhandelsbüro, ul. Długa 81, Tel. 314317
- Salon für zeitgenössische Kunst, ul. Długa 67, Tel. 310554
- Kunstgalerie „Biała Sień" (Weiße Diele), ul. Długi Targ 36, Tel. 315427
- „Galeria" 85, ul. Długie Pobrzeże 11, Tel. 316051
- „DESA" (Salon für Kunst und Antiquitäten), ul. Długa 2, Tel. 315121

Informationen für Touristen

- Zentrale Touristeninformation/Centrum Informacji Turystycznej, ul. Heweliusza 27; Tel. 314355, 316637, tlx 0512733
- BORT PTTK (Verband für Landeskunde und Touristik), ul. Bogusławskiego 1 (am Hohen Tor); Tel. 316096, 311761 und 314552 (Ausflüge und Übernachtung)
- BTZ PTTK (Reisebüro in- und outcoming touristic), ul. Obrońców Wybrzeża 10a; Tel. 531580 und 530941
- Reisebüro „Orbis", ul. Heweliusza 22; Tel. 314944 und 314045 (touristische Buchungen, Vermittlung von Fremdenführern, Reiseleitung, Mietwagen, fremdsprachige Prospekte)
- Biuro Turystyki PTTK (touristische Information, touristische Buchhandlung), ul. Długa 45

Kultur

- Theater „Wybrzeże", Targ Węglowy 2, Tel. 311328
- Puppen- und Schauspieltheater „Miniatura", Gdańsk-Wrzeszcz, ul. Grunwaldzka 16, Tel. 410123
- Staatliche Oper und Baltische Philharmonie, Gdańsk-Wrzeszcz, al. Zwycięstwa 15, Tel. 410563

Museen

- Nationalmuseum, ul. Toruńska 1, Tel. 317061; geöffnet 9–15 Uhr, dienstags 11–17 Uhr, montags geschlossen
- Archäologisches Museum, ul. Mariacka 25/26, Tel. 315031; geöffnet 10–16 Uhr, montags geschlossen

- Zentrales Meeresmuseum im Krantor, ul. Szeroka 67/68 und auf der Bleihof-Insel (Zufahrt mit Fähre über die Mottlau), Tel. 316938; geöffnet 10–16 Uhr außer montags
- Historisches Museum der Stadt Danzig, ul. Długa 47 (im Hauptrathaus), Tel. 315426; geöffnet 10–16 Uhr, sonntags 11–15 Uhr, freitags geschlossen
- Museum für Post und Telegraphie, ul. Obrońców Polskiej Poczty 1/2, Tel. 317611; geöffnet 10–16 Uhr, samstags und sonntags 10.30–14 Uhr
- Abteilung für Zeitgenössische Kunst des Nationalmuseums, im Abtschloß in Oliwa, ul. Cystersów 15a, Tel. 524637; geöffnet 9–15 Uhr, montags 10–15 Uhr, samstags geschlossen
- Ethnographisches Museum, im Abtspeicher, ul. Cystersów 15a, Tel. 521271; geöffnet 9–15 Uhr; einen Sonntag im Monat geschlossen
- Alte Schmiede, Oliva, ul. Bytowska 1a, Tel. 525151; geöffnet 10–16 Uhr, montags und von Oktober bis Mai geschlossen

Parkplätze, bewacht

Am Hotel Hewelius, ul. Heweliusza 22; am Hotel Novotel, ul. Pszenna 1; drei Parkplätze in der ul. Rajska, Tel. 317322; am Hotel Posejdon, ul. Kapliczna in Gdańsk-Jelitkowo; ul. Pilotów 18, Tel. 413376; ul. Armii Radzieckiej 9 in Oliva, dem Schloßparktor gegenüber; ul. Jaśkowa Dolina 101, Tel. 479999; ul. Startowa 23, Tel. 410315.

Personennahverkehr

Es gibt Straßenbahn-(Tramwaj)verbindungen vom Stadtzentrum zu den wichtigsten Stadtwohnvierteln sowie Linienbusse (ca. 50 Buslinien tagsüber und acht in der Nacht) zu jedem Wohnviertel.

Außerdem steht die „Städtische Schnellbahn SKM" zur Verfügung, sie fährt vom Hauptbahnhof Dworzec Główny PKP zu den Wohnvierteln Zaspa (Saspe), Wrzeszcz (Langfuhr), Przymorze (Conradshammer), Oliwa (Oliva), Żabianka und zu den Städten Sopot (Zoppot), Gdynia (Gdingen), Rumia (Rahmel), Reda (Rheda) und Wejherowo (Neustadt).

Post

Im Postamt in der ul. Długa 23–28, Tel. 312215, ist die Gesprächs-vermittlung und der Telegrafendienst Tag und Nacht geöffnet, in anderen Postämtern 8–18 Uhr.

Restaurants

- „Cristal"; Gdańsk-Wrzeszcz, ul. Grunwaldzka 105, Tel. 413435
- „Kubicki", ul. Wartka 5, Tel. 310050; Spezialität: Eisbein nach altpolnischer Art, Forelle vom Rost, Forelle in Dillsoße
- „Pod Łososiem" (Zum Lachs), ul. Szeroka 51/54, Tel. 317652 (hier produzierte man den weltbekannten Likör „Goldwasser"; der 6. Juli 1598 ist als Gründungstag des Lachsrestaurants festge-halten worden; Spezialität: Lachs vom Rost)
- „Pod Wieżą", ul. Piwna 51, Tel. 313924; Spezialität: Gefüllter Schweinerücken mit Nuß-Rosinen-Sauce
- „Retman", ul. Stągiewna 1, Tel. 319248; Spezialität: Heringe nach Marschallart
- „Stara Karczma Gdańska", Gdańsk-Przeróbka, al. Sienna 9, Tel. 312058; Spezialität: Altpolnische Schüssel mit drei Sorten Fleisch und verschiedenen Soßen
- „Tawerna", ul. Powroźnicza 19/20, Tel. 314114; Spezialität: Sei-lerteller

Schiffahrt

- Fahrgastschiffahrt Weiße Flotte (Żegluga Gdańska): Fahrten zur Westerplatte, nach Zoppot, Gdingen und zur Halbinsel Hela (vom 1. Mai bis 30. September), Information: ul. Wartka 4, Tel 311975; Kassen: Brama Zielona, Długie Pobrzeże, Tel. 314926
- Ostseeschiffahrt (Polska Żegluga Bałtycka); Anlegestelle: ul. Przemysłowa 1, Tel. 439378 und 436980; Kassen 431887

Tankstellen (hier sind nur durchgehend geöffnete und bleifreies Benzin führende Tankstellen angegeben)
- Ul. Jedności Robotniczej 41 (Gdańsk-Orunia), Tel. 394532; ul. Grunwaldzka 258 (Gdańsk-Oliwa), Tel. 521844; ul. Dąbrowskie-go 4, Tel. 320411, hier auch Möglichkeit der Auffüllung von Propangasflaschen.

Unterkunft

Hotels
- Orbis „Hevelius", ****, ul. Heweliusza 22, Tel. 315631 und 319710 (Rezeption)
- Orbis „Novotel", ****, ul. Pszenna 1, Tel. 315611
- Orbis „Posejdon", ****, Gdańsk-Jelitkowo, ul. Kapliczna 30, Tel. 531803
- Orbis „Marina, ****, Gdańsk-Jelitkowo, ul. Jelitkowska 20, Tel. 532079
- „Jantar", **, ul. Długi Targ 19, Tel. 312716

Studentische Hotels
- Gdańsk-Wrzeszcz, ul. Wyspiańskiego 1 (Verwaltung und Anmeldung), Tel. 414985
- Gdańsk-Oliva, ul. Polanki 65, Tel. 524212

Privatzimmer
Vermittlung in der ul. Elżbietańska 10/11, Tel. 312634

Campingplätze
- Gdańsk-Brzeźno, Aleja Gen. Hallera 234, Tel. 435531, Kategorie I, Camping Nr. 10
- Gdańsk-Jelitkowo, ul. Jelitkowska 23, Tel. 532731, Kategorie I, Camping Nr. 18
- Gdańsk-Stogi, ul. Wydmy 1, Tel. 312915, Kategorie II
- Gdańsk-Sobieszewo-Orle, ul. Lazurowa 5, Tel. 380739, Kategorie II

Wichtige Telefonnummern
- Auskunft, Tel. 913
- Fernamt, Tel. 900
- Feuerwehr, Tel. 998
- Ortsauskunft, Tel. 911
- Polizei, Tel. 997 (landesweit); in Gdańsk, ul. Okopowa 15, Tel. 395703 (diensthabender Beamter)

- Rettungsdienst, Tel, 999; Gdańsk-Wrzeszcz, al. Zwycięstwa 48
- Städtisches Krankenhaus, Tel. 564515; Gdańsk-Zaspa, al. Jana Pawła II
- Weckdienst, Tel. 908
- Zeitansage, Tel. 926

Zoppot

Autowerkstätten (Auto-Service)
- „Polmozbyt", al. Niepodległości 635, Tel. 516469
- „Polmozbyt", al. Niepodległości 713, Tel. 512107
- „Auto-Remont", ul. 3 Maja 51, Tel. 513009
- VW, Audi – St. Gajos, ul. Smolna 17, Tel. 513017
- BMW – G. Cerkaski, al. Niepodległości 641, Tel. 512578
- RENAULT – G. Cerkaski, al. Niepodległości 645, Tel. 515250
- Pannenhilfe, ul. 3 Maja 61, Tel. 517000

Galerien (Ausstellung und Verkauf)
- „Desa", Antiquitäten, ul. Grunwaldzka 11, Tel. 517476
- Kunstgalerie „Sopot-Art", ul. Boh. Monte Cassino 44, Tel. 511672
- Kunstausstellung „Wystawy artystyczne BWA", ul. Powstańców Warszawy 2-4-6, Tel. 510621 (Sekretariat)

Informationen für Touristen
- Zugauskunft (Zentrale): Tel. 510031

Reisebüros
- „Kąpielisko Morskie Sopot", ul. Chopina 10, Tel. 512176
- „Orbis", Biuro Podróży, ul. Boh. Monte Cassino 49, Tel. 517486, 514142
- „PTTK", ul. Podjazd 1, Tel. 510618
- Biuro Zakwaterowań, ul. Dworcowa 4, Tel. 512617
- Żegluga Gdańska, przystań pasażerska na molo (Schiffsanlegestelle), Tel. 511293

Kultur

- Theater „Wybrzeże", kleine Szene, ul. Boh. Monte Cassino 55–57, Tel. 513936 (Kasse)
- „Gesellschaft der Zoppoter Freunde"/Towarzystwo Przyjaciół Sopotu, ul. Czyżewskiego 12, Tel. 510756 (Kunstausstellung, Geschichtsstube von Zoppot)
- „Orbis-Casino", ul. Powstańców Warszawy 12–14 (Grand-Hotel), Tel. 515006

Museen

- Muzeum „Stutthof", ul. Kościuszki 63, Tel. 512987

Parkplätze, bewacht

Ul. Bitwy pod Płowcami 34, Tel. 511137; ul. 3-go Maja 61, Tel. 517000; ul. Powstańców Warszawy 10, Tel. 510861; ul. Powstańców Warszawy 21, Tel. 513040

Personennahverkehr

Eisenbahn: SKM, Linie Gdańsk – Gdynia – Wejherowo
Autobus: vier Linien, die das Zentrum von Sopot mit seinen Wohnvierteln verbinden
O-Bus: Verbindung von Sopot mit Gdynia

Restaurants

- „Bałtycka", ul. Boh. Monte Cassino 54, Tel. 512523
- „Bungalow", ul. Zamkowa Góra 3, Tel. 511430
- „Miramar", ul. Zamkowa Góra 25, Tel. 518011
- „Pod Strzechą", ul. Boh. Monte Cassino 42, Tel. 512476
- „Staropolska", ul. 3 Maja 7, Tel. 517700
und Restaurants in den Hotels

Schiffahrt

Schiffahrten im Sommerhalbjahr nach Danzig und zur Halbinsel Hela; Anlegestelle an der Mole, Tel. 511293

Tankstellen (hier sind nur durchgehend geöffnete und bleifreies Benzin führende Tankstellen angegeben)
ul. Powstańców Warszawy 1, Tel. 512392; al. Niepodległości 713, Tel. 512751; ul. 3-go Maja 51, Tel. 513601

Unterkunft

Hotels
- „Dworcowy", pl. Konstytucji 3-go Maja 3, Tel. 511525 (Rezeption)
- „Grand-Hotel", ul. Powst. Warszawy 8–12, Tel. 514041 (Rezeption)
- „Irena", ul. Chopina 36, Tel. 512073
- „Maryla", ul. Sępia 22, Tel. 510034 (Rezeption)
- „Sopot", ul. Haffnera 81–85, Tel. 515751 (Rezeption), 513295 (Zentrale)

Privatzimmer
Vermittlung in der ul. Dworcowa 4, Tel. 512617

Campingplätze
- ul. Bitwy pod Płowcami 69–73, Tel. 516523
- Dom Turysty, ul. Zamkowa Góra 25, Tel. 518011, Kategorie I

Wichtige Telefonnummern
- Erste Hilfe, Tel. 999 (landesweit), in Sopot Tel. 511111
- Telefonauskunft 911 (Ortsauskunft), 913 (landesweit)
- Polizei, Tel. 997 (landesweit); in Sopot al. Niepodległości 736, Tel. 513051

Gdynia

Autowerkstätten (Auto-Service)
- Polmozbyt-Servis ASO Nr. 6, ul. Owsiana 13, Tel. 236808 und ASO Nr. 11, al. Zwycięstwa 175, Tel. 221336
- Pannenhilfe A. Fiedler, ul. Piłsudskiego 50, Tel. 208605
- Pannenhilfe B. Działdowski, ul. Kołłataja 10a (rund um die Uhr), Tel. 209019
- Opel – A. Haller, ul. Narutowicza 3, Tel. 224114

Galerien (Ausstellung und Verkauf)
- „Galerie der zeitgenössischen Kunst"/„Galeria Sztuki Współczesnej", Świętojańska 78 , Tel. 218631
- Galerie „Zentrum der Gdingener Kunst"/Galeria „Centrum Sztuki Gdynia", ul. Świętojańska 83, Tel. 209871

Informationen für Touristen
Zugauskunft: Gdynia Główna, Biuro obsługi podróżnych, Tel. 216701
Flugauskunft: „Lot", ul. 3-go Maja 27–31; Tel. 201358 (Information, Reservierung)
Telefonauskunft 913 (landesweit), 911 (Ortsauskunft)

für Touristen
„Orbis", ul. Świętojańska 36, Tel. 201850; „PTTK", ul. 3-go Maja 27, Tel. 217751; „Żegluga Gdańska", al. Zjednoczenia 2, Tel. 202642;
Ostseeschiffahrt, Skwer Kościuszki, Tel. 202642

Kultur
- Musiktheater „Theater Muzyczny", pl. Grunwaldzki 1, Tel. 217816
- Dramatisches Theater „Theatr Dramatyczny", ul. Bema 28, Tel. 208801, 210226
Kinos: insgesamt sechs in verschiedenen Ortsteilen, u. a. „Warszawa", ul. Świętojańska 36, Tel. 204265

Museen

- Schiffsmuseum O.R.P. „Błyskawica", Skwer Kościuszki
- Zentralmeeresmuseum „Dar Pomorza", al. Zjednoczenia, Tel. 202371
- Ozeanographisches Museum und Meeresaquarium, al. Zjednoczenia 1, Tel. 217021
- Museum der Stadt Gdynia, ul. Starowiejska 30, Tel. 219073

Läden

Schmuck und Juwelen (Jubiler): ul. Świętojańska 33, ul. Starowiejska 13/15 und 16; Briefmarkengeschäfte/Filatelistyczno-numizmatyczny, ul. Świętojańska 73; Volkskunst „Cepelia", Władysława IV 51

Parkplätze, bewacht

ul. Władysława IV, Tel. 218726; ul. Mickiewicza in Kamienna Góra (saisonabhängig); ul. Armii Krajowej (am Hotel „Gdynia", rund um die Uhr)

Personennahverkehr

Bahnverbindung (städtische Schnellbahn) Gdańsk – Sopot – Gdynia – Wejherowo; Busverbindungen: ca. 35 Linien; O-Busverbindungen: 7 Linien

Restaurants (zahlreiche Restaurants und Bars)

„Ermitage, ul. Świętojańska 39, Tel. 203923; „Georges", ul. 3-go Maja 21, Tel. 207252; „Myśliwska", ul. Abrahama 18, Tel. 201023; „Róża Wiatrów", al. Zjednoczenia 2, Tel. 200648
Cafes: „Arkadia", ul. Władysława IV 7, Tel. 219725; „Checz Kaszubska", ul. Świętojańska 32, Tel. 203905; „Jawa", ul. Piłsudskiego 56, Tel. 200539; „Tawerna", Skwer Kościuszki 20, Tel. 201592 und andere

Schiffahrt

Hafenrundfahrten, Fahrten nach Zoppot, Danzig, Halbinsel Hela, Jastarnia; Anlegestelle am Skwer Kościuszki

Tankstellen (hier sind nur durchgehend geöffnete und bleifreies Benzin führende Tankstellen angegeben)
ul. Śląska 45, Tel. 205351; al. Zwycięstwa 96 in Gdynia-Orłowo, Tel. 248175; al. Zwycięstwa, Gdynia- Kolibki, Tel. 248677

Unterkunft

Hotels
- „Bałtyk", ***, ul. Kielecka 2, Tel. 210649 (Rezeption)
- „Bristol", ul. Starowiejska 1, Tel. 218046 (Zentrale)
- „Dworcowy", ul. Dworcowa 11, Tel. 209221
- „Orbis Gdynia", ****, ul. Armii Krajowej 7, Tel. 202235 (Rezeption), 206661 (Zentrale)

Privatzimmer
Büros für die Vermittlung in der ul. Dworcowa 7, Tel. 218265, und in der ul. Dworcowa 11a, Tel. 210531

Campingplätze
ul. Świętopełka 19, Tel. 248029

Wichtige Telefonnummern
Polizei, Tel. 997 (landesweit); ul. Portowa 15, Tel. 206503 (Zentrale), 206343 (diensthabender Beamter)

Ergänzende Hinweise für die Reise

Verkehr

Hauptträger des polnischen Binnenverkehrs sind die Eisenbahn (die Polnischen Staatsbahnen PKP) und der Autobus (PKS). Von Danzig aus gibt es Bahnverbindungen zu allen größeren Städten Polens sowie direkte Züge nach Berlin-Lichtenberg, Prag, Budapest (Abfahrt vom Hauptbahnhof in Gdynia); zwischenstädtische Verbindung in Polen leistet PKS. Zum Nahverkehr in Danzig siehe S. 189.

Reiseformalitäten

Für die Reise in die Republik Polen (Rzeczpospolita Polska) wird ein gültiger Reisepaß oder Personalausweis benötigt. Pkw-Fahrzeugführer sollen eine grüne Versicherungskarte und müssen den Führerschein und Kraftfahrzeugschein bei sich haben.

Feiertage

Neujahr, Ostermontag, 1. Mai, 3. Mai, Fronleichnam, Mariä Himmelfahrt, Allerheiligen, 11. November (Nationalfeiertag), 25. und 26. Dezember.

Einkäufe

In allen Läden kann man mit zł. bezahlen (gilt auch in PEWEX, BALTONA). Souvenirläden sind meistens auch samstags und sonntags geöffnet.
Es lohnt sich der Einkauf von Schmuck aus Bernstein und Silber, von Mineralien (Nephryt, Achat, Chrysopras), kaschubischen Stickereien, kaschubischer Keramik, Lederwaren, Krügen, Gemälden, Graphiken (ausgestellt in vielen Galerien), Büchern und weiteren Volkskunstwaren.

Geld

Die polnische Währung ist der Złoty (zł). DM kann unbeschränkt bei Banken und Wechselstuben in Złoty umgetauscht werden. Bitte nicht bei „freien Händlern" tauschen! Hier können Sie falsches Geld bekommen!

Euroschecks werden zu international üblichen Bedingungen akzeptiert, ebenso Kreditkarten von Carte Blanche, Diners Club, Eurocard, American Express, Visa, Master Charge und Acces (vor allem in den Viersternehotels).

Polnische Währung darf weder ein- noch ausgeführt werden. Deutsche Währung dagegen darf man in jeder beliebigen Menge mitbringen. Nicht verbrauchtes polnisches Geld kann an der Grenze deponiert werden. Man kann darüber wieder verfügen, wenn man innerhalb eines Jahres erneut nach Polen einreist.

Krankenversicherung
Es empfiehlt sich, für eine Reise nach Polen eine private Krankenversicherung abzuschließen.

Ladenschlußzeiten/Amtsstunden
Lebensmittelläden: 7–18 Uhr (manche bis 19 oder 20 Uhr), durchgehend geöffnet; Geschäfte mit Industriewaren: 10–18 Uhr; Banken: 9–12 Uhr und z. T. auch 13–17 Uhr; Ämter: 8–15 Uhr, Hauptpostämter: 8–20 Uhr, sonntags und feiertags geschlossen.

Postgebühren (Stand: April 1992)
Nach Europa: Postkarte 1500 zł, Brief 2000 zł, (Laufzeit ca. eine Woche). Für Innerortsgespräche Jeton A zu 600 zł, für Außerortsgespräche Jeton C zu 6000 zł. Grün lackierte Postkästen sind für Ortspost, rot lackierte für Fernpost bestimmt.

Speisen und Getränke
Spezialitäten sind Barszcz (Rote-Bete-Suppe), Chłodnik (Kalte Rote-Bete-Suppe), Kołduny (Fleischklöße), Pierogi (gefüllte Teigtaschen), Gołąbki (Krautwickel), Bigos (Krautfleisch), Flaki (Kuttelfleck), Żurek (Sauermehlsuppe), Zrazy (Rindfleischschnitten mit Grütze), Würste und Selchwaren.

Alkoholfreie Getränke gibt es wie in Deutschland; angeboten werden verschiedene Arten von Wodka, u. a. „Wyborowa", „Żytnia", „Żubrówka" (mit dem Gras), „Jarzębiak", sowie der Honiglikör „Krupnik".

Treibstoff

In den meisten Tankstellen sind alle gängigen Treibstoffarten zu erhalten.

Verkehrsvorschriften

Entsprechend den international geltenden Regelungen; Höchstgeschwindigkeit: in Ortschaften 60 km/h, auf Landstraßen 90 km/h; auf Schnellstraßen 100 km/h; auf Autobahnen 110 km/h; für Pkw mit Anhänger auf der Autobahn 70 km/h, für Motorräder 90 km/h. Es gibt viele Radarkontrollen! (Besonders häufig werden ausländische Autos angehalten.) Für Kraftfahrer besteht im Prinzip absolutes Alkoholverbot (zulässige Höchstmenge: 0,2 Promille).

Vorsicht bei Bahnübergängen! Hier gibt es öfters beträchtliche Höhenunterschiede, vor solchen Übergängen gelegentlich kein Stoppschild.

Von 1. November bis 1. März ist auch tagsüber mit Abblendlicht zu fahren.

Bei einer Panne: Notdienst der Organisation PZMot (Tel. landesweit 981) oder „Polmozbyt", Tel. 954. Andere: Tel. 323550 (Gdańsk PZMot, s. S. 187).

Bei einem Verkehrsunfall, an dem Ihr Unfallgegner (mit)schuldig ist, lassen Sie den Unfallhergang durch die Polizei und den Ihnen entstandenen Schaden durch die polnische Haftpflichtversicherung (z. B. PZU, „Warta") feststellen. Es empfiehlt sich ein Auslands-Schutzbrief.

POLIZEINOTRUF: Tel. 997 (landesweit)

UNFALLRETTUNG: Tel. 999

(Notarztwagen heißt: POGOTOWIE RATUNKOWE)

Zoll

Gegenstände, die für den persönlichen Gebrauch bestimmt sind, können grundsätzlich zollfrei eingeführt werden. Für die Ausfuhr erkundigen Sie sich bitte nach den Vorschriften.

Wichtige Anschriften

Polorbis Reiseunternehmen, Hohenzollernring 99–101, 5000 Köln 1, Tel. (0221) 520025 und Glockengießerwall 3, 2000 Hamburg 1, Tel. (040) 337686

Botschaft der Bundesrepublik Deutschland in Warschau, ul. Dąbrowiecka 30, Tel. 022/173011, Tlx 813455; Konsularabteilung: ul. Katowicka 33, Tel. 022/176065, Tlx: 813455, 03-932 Warszawa. Deutsches Generalkonsulat in Danzig/Gdańsk: Konsulat Republiki Federalnej Niemiec, al. Zwycięstwa 23, Tel. 414366.

Wichtige Ausdrücke und Redewendungen

Auf Wiedersehen!	do widzenia!
Bitte!	proszę!
Bitte, geben Sie mir die Adresse von …	proszę o adres …
Bitte, bringen Sie mir dieses Gericht, Getränk …	proszę o danie, o napój …
Bitte, können Sie mir helfen …	proszę o pomoc …
Bitte setzen Sie sich!	proszę usiąść!
Bitte die Rechnung!	proszę o rachunek!
Bitte sprechen Sie langsamer!	proszę mowić wolniej!
Bitte schreiben Sie mir das auf!	proszę to napisać!
Bier	piwo
Danke!	dziękuję!
Das ist zu teuer (billig)!	to jest za drogie (tanie)!
Eis	lody
Entschuldigen Sie!	przepraszam!
geradeaus	prosto
gut	dobrze
Guten Abend!	dobry wieczór!
Gute Nacht!	dobranoc!
Guten Tag!	dzień dobry!
gegenüberliegende Straßenseite	po przeciwnej stronie
Haben Sie freie Zimmer?	czy są wolne pokoje?

hinten	z tyłu
Ich habe kein Kleingeld	nie mam drobnych
Ich möchte kaufen	chciałbym kupić
Ich möchte anrufen	chciałbym zadzwonić
Ich möchte verkaufen	chciałbym sprzedać
Ich verstehe Sie nicht	nie rozumien
ja	tak
Keine Ursache!	nie ma za co!
In welcher Richtung soll ich fahren (gehen)?	w jakim kierunku muszę jechać (iść)?
Kaffee	kawa
Leider spreche ich nicht polnisch (deutsch)	niestety, nie mówię po polsku (niemiecku)
links	lewo
Milch	mleko
nein, nicht	nie
schlecht	źle
Tee	herbata
poln. Währung	waluta polska Złoty
Was kostet das?	ile to kosztuje?
Wann fährt der Zug (Bus) ab?	o której godzinie odjeżdża pociąg (autobus)?
Wo befindet sich das nächste Restaurant?	gdzie znajduje się najbliższa restauracja?
Wann wird das … geschlossen?	o której godziniej jest zamknięty?
Wie weit von hier ist …?	jak daleko jest do …?
Wie heißt das auf deutsch (polnisch)?	jak to się nazywa po niemiecku (polsku)?
Wie komme ich nach …?	jak dojść do …?
Wie fahre ich nach …?	jak dojechać do …?
Wo befindet sich …?	gdzie znajduje się …?
Verzeihung!	przepraszam!
Von wann bis wann ist das … geöffnet?	w jakich godzinach czynna jest …?
Zimmer frei	wolne pokoje

Wochentage:	dni tygodnia:
Montag	poniedziałek
Dienstag	wtorek
Mittwoch	środa
Donnerstag	czwartek
Freitag	piątek
Sonnabend	sobota
Sonntag	niedziela

Zahlen:	liczby:
1	jeden
2	dwa
3	trzy
4	cztery
5	pięć
6	sześć
7	siedem
8	osiem
9	dziewięć
10	dziesięć
11	jedenaście
12	dwanaście
13	trzynaście
14	czternaście
15	piętnaście
16	szesnaście
17	siedemnaście
18	osiemnaście
19	dziewiętnaście
20	dwadzieścia
21	dwadzieścia jeden
22	dwadzieścia dwa
30	trzydzieści

40	czterdzieści
50	pięćdziesiąt
60	sześćdziesiąt
70	siedemdziesiąt
80	osiemdziesiąt
90	dziewiedziesiąt
100	sto
101	sto jeden
200	dwieście
300	trzysta
400	czterysta
500	piećset
600	sześćset
700	siedemset
800	osiemset
900	dziewięćset
1.000	tysiąc
2.000	dwa tysiące
3.000	trzy tysiące
5.000	pięć tysięcy
10.000	dziesięć tysięcy
100.000	sto tysięcy
1.000.000	milion

Monate

Januar	styczeń	Juli	lipiec
Februar	luty	August	sierpień
März	marzec	September	wrzesień
April	kwiecień	Oktober	paxdziernik
Mai	maj	November	listopad
Juni	czerwiec	Dezember	grudzień

Häufig anzutreffende Schilder und Hinweistafeln

Alkohol szkodzi zdrowiu	Alkohol schadet der Gesundheit
Artykuły skórzane	Lederwaren
Artykuły spożywcze	Lebensmittel
Artykuły tekstylne	Textilwaren
Basen	Schwimmbad
Benzyna bezołowiowa	bleifreies Benzin
Biblioteka	Bibliothek
Bilety	Ticket
Biuro	Büro
Biuro podróży	Reisebüro
Brak wolnych miejsc	Keine freien Plätze
Cepelia	Volkskunst
Dania główne	Hauptgericht
Deser	Dessert, Nachtisch
dla Pań	Damen (○)
dla Panów	Herren (△)
Drogeria	Drogerie
Godziny przyjęć	Sprechstunden
GOPR	Bergwacht
Grozi śmiercią	Lebensgefahr
Hotel	Hotel
Kantor wymiany walut	Geldwechselstube
Kąpiel wzbroniona	Baden verboten
Kasa	Kasse
Kasa biletowa	Fahrkartenkasse
Kawiarna	Café
Kolacja	Abendessen
Koniec	Ende
Kościół	Kirche
Księgarnia	Buchhandlung
Kuchnia	Küche
Lekarz	Arzt
Mięso-wędliny	Fleisch- und Wurstwaren
Nie dotykać	Nicht berühren

Obiad	Mittagessen
Objazd	Umleitung
Obuwie	Schuhe
Opłata	Gebühr
Otwarty	Geöffnet
Pamiątki	Souvenir
Parking	Parkplatz
PEWEX, Baltona	Intershop
Poczekalnia	Wartezimmer
Poczta	Post
Pogotowie Ratunkowe	Erste Hilfe
Policja	Polizei
Poste restante	postlagernd
Pralnia	Wäscherei
Przecena	Preissenkung
Przejście wzbronione	Durchgang verboten
Recepcja	Rezeption
Restauracja	Restaurant
Roboty drogowe	Straßenbauarbeiten
Samoobsługa	Selbstbedienung
Schronisko	Herberge
Sklep monopolowy	Alkoholische Getränke
Sklep sportowy	Sportartikel
Skrzynka pocztowa	Briefkasten
Śniadanie	Frühstück
Stacja benzynowa	Tankstelle
Stacja obsługi	Wagenservice – Werkstatt
Szkoła	Schule
Szlak turystyczny	Wanderweg
Teatr	Theater
Ubikacja	Toilette
Urząd Celny	Zollamt
Uwaga	Achtung
Uwaga stopień	Vorsicht Stufe
Warzywa-owoce	Obst-Gemüse
Wejście	Eingang

Wejście nie ma	kein Eingang
Winda	Aufzug
Wjazd	Einfahrt
Wrzątek	kochendes Wasser
Wyciąg	Lift
Wyjazd	Ausfahrt
Wyjście	Ausgang
Wymiana walut	Geldwechsel
Wypożyczalnia	Verleih
Wyprzedano	Ausverkauft
Zakąski	Vorspeise
Zakład fryzjerski	Frisiersalon
Zamknięty	Geschlossen
Zaraz wracam	Komme gleich zurück
Znaczek pocztowy	Briefmarke
Zupa	Suppe

Straßenverzeichnis

Polnisch-deutsches Straßenverzeichnis der Straßen und Plätze im historischen Danzig

Abkürzungen: D.M. = Niederstadt; Gł.M. = Rechtstadt; Sp. = Speicherinsel; St.M. = Altstadt; St.P. = Vorstadt; Z. = Altes Schloß

Aksamitna/Samtgasse (St.M.)
Augustyńskiego/Am Weißen Turm (St.P.)

Bartłomieja św./St.-Bartholomäi-Kirchengasse (St.M.)
Basztowa/Turmgasse (Sp.)
Bednarska/Boetchergasse (St.M.)
Bielańska/Weißmönchenkirchengasse (St.M.)
Błędnik/Irrgarten-Brücke
Bogusławskiego/An der Reitbahn (Gł.M.)
Bosmańska/Bootsmanngasse (Gł.M.)
Browarna/Hinter Adlers Brauhaus/ (St.M.)
Brygidki/Nonnenhof (St.M.)

Chlebnicka/Brotbänkengasse (Gł.M.)
Chłodna/Straußgasse (Sp.)
Chmielna/Hopfengasse (Sp.)
Czopowa/Zapfengasse (Z.)

Długa/Langgasse (Gł.M.)
Długi Targ/Langer Markt (Gł.M.)
Długie Ogrody/Langgarten (D.M.)
Długie Pobrzeże/Lange Brücke (Gł.M.)
Doki/Werftgasse (St.M.)

Dominikański pl./Dominikaner-Markt-Platz (Gł.M.)
Ducha św./Heilig-Geist-Gasse (Gł.M.)
Dylinki/Kleine Knüppelgasse (Z.)
Dziana/Kleine Hosennähergasse (Gł.M.)

Elżbietańska/St.-Elisabeth-Kirchengasse (St.M.)

Garbary/Große Gerbergasse (Gł.M.)
Garncarska/Töpfergasse (St.M.)
Gnilna/Faulgraben (St.M.)
Grobla/Damm I–IV (Gł.M.)
Grobla Angielska/Englischer Damm (Gł.M.)
Grodzka/Burgstraße (Z.)
Grząska/Altes Roß (Gł.M.)

Heweliusza/Baumgartsche Gasse (St.M.)
Hucisko/Silberhütte (St.M.)

Igielnicka/Näthlergasse (St.M.)

Jaglana/Kiebitzgasse (Sp.)

Kaletnicza/Beutlergasse (Gł.M.)
Kamienna Grobla/Steindamm (D.M.)

Karmelicka/Karmelitergasse (St.M.)
Katarzynki/An der Katharinenkirche (St.M.)
Katarzyny św./St.-Katharinen-Kirchensteig (St.M.)
Klesza/Pfaffengasse (Gł.M.)
Kładki/Holzgasse (St.P.)
Kocurki/Katergasse (St.P.)
Kołodziejska/Gr. Scharmachergasse (Gł.M.)
Korzenna/Pfefferstadt (St.M.)
Kotwiczników/Ankerschmiedegasse (Gł.M.)
Kowalska/Schmiedegasse (St.M.)
Kozia/Ziegengasse (Gł.M.)
Kramarska/Krämergasse (Gł.M.)
Krowia/Kuhgasse (Gł.M.)
Księża/Erste Priester-Gasse (Gł.M.)
Kuśnierska/Kürschnergasse (Gł.M.)

Lastadia/Lastadie (St.P.)
Latarniana/Laternengasse (Gł.M.)
Lawendowa/Lawendegasse (Gł.M.)
Lektykarska/Portecheisengasse (Gł.M.)

Łagniewniki/Schüsseldamm (St.M.)
Ławnicza/Matzkausche Gasse (Gł.M.)

Mariacka/Frauengasse (Gł.M.)
Menonitów/An der Mennonitenkirche (Podgórze)
Mieszczańska/Berholdsche Gasse (Gł.M.)
Minogi/Neunaugengasse (Gł.M.)

Młyńska/Gr. Mühlengasse (St.M.)
Mniszki/Nonnengasse (St.M.)
Mokra/Brocklosengasse (Gł.M.)
Motławska/An der Mottlau (Sp.)
Mydlarska/Seifengasse (Gł.M.)

Na Dylach/Rähmgasse + Knöppelgasse (Z.)
Na Piaskach/Am Sande (St.M.)
Na Stępce/Am Kielgraben (D.M.)

Obrońców Poczty Polskiej pl./Heveliusplatz (Z.)
Ogarna/Hundegasse (Gł.M.)
Okopowa/Karrenwall + Wiebenwall (St.P.)
Olejarnia/Große Ölmühlengasse (St.M.)
Ołowianka/Bleihof
Osiek/Hakelwerk (St.M.)
Owsiana/Mausegasse (Sp.)

Pachołów/Büttelgasse (Gł.M.)
Panieńska/Jungferngasse (St.M.)
Pańska/Junkergasse (Gł.M.)
Piwna/Jopengasse (Gł.M.)
Plebania/Pfarrhof (Gł.M.)
Pocztowa/Postgasse (Gł.M.)
Podbielańska/Weißmönchenhintergasse (St.M.)
Podgarbary/Kleine Gerbergasse (Gł.M.)
Podkramarska/Kleine Krämergasse (Gł.M.)
Podmłyńska/Kleine Mühlengasse (St.M.)
Podmurze/Mauergang (Gł.M.)
Podwale Grodzkie/Stadtgraben (St.M.)
Podwale Staromiejskie/Altstädtischer Graben (St.M.)

Podwale Przedmiejskie/Vorstädtischer Graben (St.P.)

Pończoszników/Große Hosennähergasse (Gł.M.)

Powrożnicza/Röpergasse (Gł.M.)

Profesorska/Professorengasse (St.M.)

Przędzalnicza/Zwirngasse (Gł.M.)

Pszenna/Adebargasse (Sp.)

Rajska/Par.. 'jesgasse (St.M.)

Różana/Rosengasse (Gł.M.)

Rybaki Dolne/Niedere Seigen (St.M.)

Rybackie Pobrzeże/Fischbrücke (Gł.M.)

Rycerska/Rittergasse (Z.)

Rzeźnicka/Fleischergasse (St.P.)

Sienna Grobla/Strohdeich (D.M.)

Sieroca/Am Spendhaus (Z.)

Słodowników/Melzergasse (Gł.M.)

Stara Stocznia/Brabank

Stągiewna/Milchkannengasse (Sp.)

Stolarska/Tischlergasse (St.M.)

Straganiarska/Häkergasse (Gł.M.)

Sukiennicza/Rähmgasse (Z.)

Szafarnia/Schäferei (D.M.)

Szeroka/Breitgasse (Gł.M.)

Szewska/Korkenmachergasse (Gł.M.)

Szklary/Scheibenrittergasse (Gł.M.)

Szopy/Mattenbuden (D.M.)

Szpitalna/Lazarettgang (Gł.M.)

Świętojańska/Johannisgasse (Gł.M.)

Tandeta/Tagnetergasse (Gł.M.)

Targ Drzewny/Holzmarkt (Gł.M.)

Targ Maślany/Winterplatz (St.P.)

Targ Rakowy/Krebsmarkt (Podgorze)

Targ Rybny/Fischmarkt (Gł.M.)

Targ Sienny/Heumarkt

Targ Węglowy/Kohlenmarkt (Gł.M.)

Tartaczna/An der Schneidemühle (Z.)

Teatralna/Theatergasse (Gł.M.)

Tkacka/Große Wollwebergasse (Gł.M.)

Tokarska/Drehergasse (Gł.M.)

Toruńska/Thornsche Gasse (St.P.)

Trójcy Św./St.-Trinitatis-Kirchengasse (St.P.)

U Furty/Am Haustor (Gł.M.)

Wałowa/Wallgasse (St.M.)

Wałowy pl./Wallplatz (St.P.)

Wały Jagiellońskie/Dominikswall (St.M. und Gł.M.)

Wapiennicka/Kalktorbrücke (Z.)

Wartka/Am Brausenden Wasser (Z.)

Warzywnicza/Petersiliengasse (Gł.M.)

Wełniarska/Kleine Wollwebergasse (Gł.M.)

Węglarska/Kohlengasse (Gł.M.)

Wielkie Młyny/Gr. Mühlengasse (St.M.)

Wodopój/Pferdetränke (St.M.)

Wspornikowa/Stützengasse (Sp.)

Zamkowa/Schloßgasse (St.M.)

Za Murami/Hintergasse (Gł.M.)

Zaułek Bartlomieja, św./St.-Bartholomäi-Kichhof (St.M.)

Zbytki/Ketterhagergasse (Gł.M.)

Złotników/Goldschmiedegasse
(Gł.M.)
Zwycięstwa, al./Große Allee
(Gdansk-Wrzeszcz)

Żabi Kruk/Poggenpfuhl (St.P.)
Żytnia/Münchengasse (Sp.)

*Deutsch-polnisches
Straßenverzeichnis der Straßen
und Plätze
im historischen Danzig*

Adebargasse (Sp.)/Pszenna
Altes Roß (Gł.M.)/Grząska
Altstädtischer Graben (St.M.)/
  Podwale Staromiejskie
Am Brausenden Wasser (Z.)/
  Wartka
Am Haustor (Gł.M.)/U Furty
Am Kielgraben (D.M.)/Na Stępce
Am Sande (St.M.)/Na Piaskach
Am Spendhaus (Z.)/Sieroca
Am Weißen Turm (St.P.)/
  Augustyńskiego
An der Katharinenkirche (St.M.)/
  Katarzynki
An der Mennonitenkirche (Podgor-
  ze)/Menonitów
An der Mottlau (Sp.)/Motławska
An der Reitbahn (Gł.M.)/Bogu-
  sławskiego
An der Schneidemühle (Z.)/
  Tartaczna
Ankerschmiedegasse (Gł.M.)/
  Kotwiczników

Baumgartsche Gasse (St.M.)/
  Heweliusza

Berholdsche Gasse (Gł.M.)/
  Mieszczańska
Beutlergasse (Gł.M.)/Kaletnicza
Bleihof/Ołowianka
Boetchergasse (St.M.)/Bednarska
Bootsmanngasse (Gł.M.)/Bos-
  mańska
Brabank/Stara Stocznia
Breitgasse (Gł.M.)/Szeroka
Brocklosengasse (Gł.M.)/Mokra
Brotbänkengasse (Gł.M.)/
  Chlebnicka
Burgstraße (Z.)/Grodzka
Büttelgasse (Gł.M.)/Pachołów

Damm I–IV (Gł.M.)/Grobla
Dominikaner-Markt-Platz (Gł.M.)/
  Dominikański pl.
Dominikswall (St.M. und Gł.M.)/
  Wały Jagiellońskie
Drehergasse (Gł.M.)/Tokarska

Englischer Damm (Gł.M.)/Grobla
  Angielska
Erste Priester-Gasse (Gł.M.)/
  Księża

Faulgraben (St.M.)/Gnilna
Fischbrücke (Gł.M.)/Rybackie
  Pobrzeże
Fischmarkt (Gł.M.)/Targ Rybny
Fleischergasse (St.P.)/Rzeźnicka
Frauengasse (Gł.M.)/Mariacka

Goldschmiedegasse (Gł.M.)/
  Złotników
Gr. Mühlengasse (St.M.)/Młyńska
Gr. Mühlengasse (St.M.)/Wielkie
  Młyny
Gr. Scharmachergasse (Gł.M.)/
  Kołodziejska

Milchkannengasse (Sp.)/Stągiewna
Münchengasse (Sp.)/Żytnia

Näthlergasse (St.M.)/Igielnicka
Neunaugengasse (Gł.M.)/Minogi
Niedere Seigen (St.M.)/Rybaki
    Dolne
Nonnengasse (St.M.)/Mniszki
Nonnenhof (St.M.)/Brygidki

Paradiesgasse (St.M.)/Rajska
Petersiliengasse (Gł.M.)/Warzyw-
    nicza
Pfaffengasse (Gł.M.)/Klesza
Pfarrhof (Gł.M.)/Plebania
Pfefferstadt (St.M.)/Korzenna
Pferdetränke (St.M.)/Wodopój
Poggenpfuhl (St.P.)/Żabi Kruk
Portecheisengasse (Gł.M.)/
    Lektykarska
Postgasse (Gł.M.)/Pocztowa
Professorengasse (St.M.)/Profe-
    sorska

Rähmgasse (Z.)/Sukiennicza
Rähmgasse + Knöppelgasse (Z.)/
    Na Dylach
Rittergasse (Z.)/Rycerska
Röpergasse (Gł.M.)/Powroźnicza
Rosengasse (Gł.M.)/Różana

Samtgasse (St.M.)/Aksamitna
Schäferei/D.M.)/Szafarnia
Scheibenrittergasse (Gł.M.)/
    Szklary
Schloßgasse (St.M.)/Zamkowa
Schmiedegasse (St.M.)/Kowalska
Schüsseldamm (St.M./Łagniewniki
Seifengasse (Gł.M.)/Mydlarska
Silberhütte (St.M.)/Hucisko
St.-Bartholomäi-Kirchhof (St.M.)/
    Zaułek Bartłomieja, św.

St.-Bartholomäi-Kirchengasse
    (St.M.)/Bartłomieja św.
St.-Elisabeth-Kirchengasse
    (St.M.)/Elżbietańska
St.-Katharinen-Kirchensteig
    (St.M.)/Katarzyny św.
St.-Trinitatis-Kirchengasse (St.P.)/
    Trójcy Św.
Stadtgraben (St.M.)/Podwale
    Grodzkie
Steindamm (D.M.)/Kamienna
    Grobla
Straußgasse (Sp.)/Chłodna
Strohdeich (D.M.)/Sienna Grobla
Stützengasse (Sp.)/Wspornikowa

Tagnetergasse (Gł.M.)/Tandeta
Theatergasse (Gł.M.)/Teatralna
Thornsche Gasse (St.P.)/Toruńska
Tischlergasse (St.M.)/Stolarska
Töpfergasse (St.M.)/Garncarska
Turmgasse (Sp.)/Basztowa

Vorstädtischer Graben (St.P.)/
    Podwale Przedmiejskie

Wallgasse (St.M.)/Wałowa
Wallplatz (St.P.)/Wałowy pl.
Weißmönchenhintergasse (St.M.)/
    Podbielańska
Weißmönchenkirchengasse
    (St.M.)/Bielańska
Werftgasse (St.M.)/Doki
Winterplatz (St.P.)/Targ Maślany

Zapfengasse (Z.)/Czopowa
Ziegengasse (Gł.M.)/Kozia
Zwirngasse (Gł.M.)/Przedzalnicza

213

Index

Laumann Reiseführer

Herausgeberin:
Mariola Malerek

Nach Öffnung der Grenzen zu unseren östlichen Nachbarn werden diese Länder mit ihren landschaftlichen Schönheiten und Sehenswürdigkeiten in Kunst und Kultur mehr und mehr zu beliebten Reisezielen.

Der Laumann-Verlag, Spezialist für Ost-Literatur, bietet mit dieser neuen Reihe einen informativen, praktischen Reisebegleiter in dem handlichen Format von 12 x 19 cm und einem Umfang von 150 bis 240 Seiten.

Von Fachautoren vor Ort recherchiert, enthält jeder Reiseführer:

- reiche Bebilderung mit zahlreichen brillanten Farbabbildungen;
- zweisprachige Karten und Stadtpläne;
- Vorschläge für Rundgänge und Besichtigungen;
- fundierte Hintergrundinformationen wichtiger Bau- und Kunstdenkmäler sowie historischer Abläufe;
- Verzeichnis wichtiger Anschriften, Hotels, Übernachtungsmöglichkeiten und Telefonnummern;
- praktische Reisehinweise;
- deutsch-polnisches, deutsch-tschechisches bzw. deutsch-russisches Brevier wichtiger Ausdrücke, Redewendungen und häufig anzutreffender Schilder.

Riesengebirge
Böhmischer Teil

ISBN
3-87466-172-5

Riesengebirge

ISBN
3-87466-131-8

Laumann Reiseführer

Herausgeberin:
Mariola Malerek

Breslau und Umgebung

ISBN
3-87466-169-5

Schlesische Beskiden

ISBN
3-87466-177-6

Zakopane und Umgebung

ISBN
3-87466-189-X

Stettin – Swinemünde

ISBN
3-87466-180-6

Danzig und Umgebung

ISBN
3-87466-171-7

Marienkirche in Danzig

ISBN
3-87466-187-3

Laumann Reiseführer Herausgeberin: Mariola Malerek

Königsberg und Umgebung

ISBN
3-87466-185-7

Marienburg, Elbing, Frauenburg

ISBN
3-87466-182-2

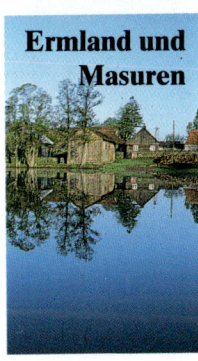

Das Land der Großen Masurischen Seen

ISBN
3-87466-168-7

Ermland und Masuren

ISBN
3-87466-173-3

Die Reihe wird fortgesetzt. Folgende Titel sind in Vorbereitung:

Oberschlesisches Industriegebiet
Das Waldenburger Bergland
Das Oppelner Land
Kloster Grüssau
Schloß Fürstenstein

Isergebirge
Floraführer Schlesiens
Pommern
Marienkirche Krakau

Laumann-Verlag

Postfach 1461 · D-4408 Dülmen · Telefon (02594) 85071 · Fax (02594) 2998